U0010019

繼造紙術、羅盤後，火藥隨薩拉森商人從中國傳入歐洲。

火藥的紀錄最早見於東晉葛洪《抱朴子》。

「藥王」孫思邈，被認為是中國古代火藥的發明者。

中古文明初期

一般公認歐洲的火藥技術是中國所發明，再由阿拉伯人傳播過去的。不過，火藥其實是中國術士在煉製不老仙丹時意外「發現」的，真可說是「無心插柳柳成蔭」。

緣人

隋-唐-五代十國

波斯灣

▭	穆罕默德時期
▭	阿布·巴卡時期

穆罕默德創立回教，使阿拉伯人成為一大新興的宗教和政治勢力，不過百年，他與他的繼承者就建立了一個龐大的阿拉伯帝國，回教世界更成了世界一大文明。

早期擴張

印度洋

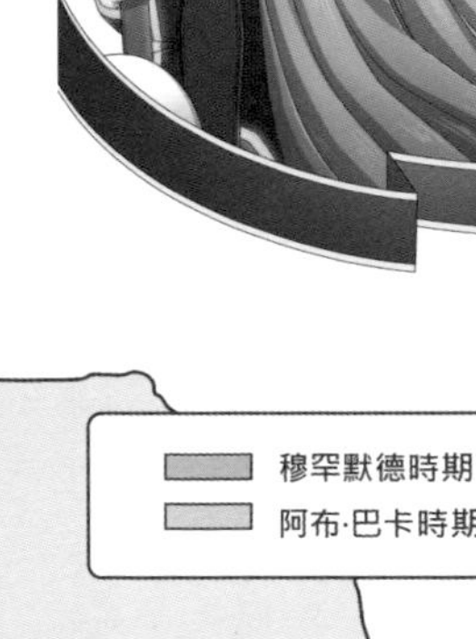
穆罕默德透過天使加百利接受神意，成為最後一位先知。

《古蘭經》由穆罕默德受到啟示、口述的內容集結而成。

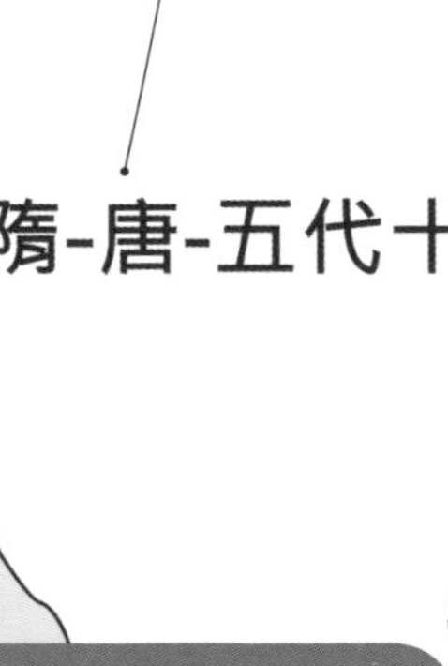
天房在《古蘭經》中是「為世人而創設的最古的清真寺」。

少年愛讀世界史

4 中古史 I

查理曼大帝的時代

管家琪——著

為什麼我們要讀世界史？

管家琪

也許你會遇上這樣一個朋友：她特別好強，成績一直名列前茅，對自己和周圍的人都有些苛刻，可是對小動物和大自然卻有著純粹的愛心。也許你會好奇，她的家是什麼樣子？她的爸爸媽媽是做什麼的？又是怎麼教育她的？為什麼她會在如此熱愛大自然的同時，對人似乎總是不大友善。

也許你又遇上另一個朋友：他比較文靜，平時很少主動說話，下課時間總是趴在桌上睡覺，你知道他住得挺遠，放學後總是一個人坐著公車離開。也許你會好奇，為什麼他會到這麼遠的地方來上學？當初這是他爸爸媽媽還是他自己的意思？現在他們全家又是怎麼看待這個決定的？

也許你還遇上一種朋友：她為人隨和，很少和大家在一起哄鬧，也很少有什麼強烈的意見，從來不會刻意要求什麼，身邊總有幾個朋友，但是真正算得上深交的好像又沒幾個。也許你會好奇，她的過去是什麼樣子？在她的成長之路上有沒有發生過什麼特別的事？為什麼她似乎總是很難真正對別人敞開心扉，似乎總是與人保持著一定的距離？

如果我們不了解一個人的成長背景，包括生活的經歷，便無法明白一個人為什麼會成為現在這個模樣。單獨一個人是如此，由許多人所組成的社會、民族、國家，以及文明，也是如此。

這個世界在我們到來之前，已經存在了很長很長的時間。各個民族與文化，在不同的地理環境中，自然而然的成長，經歷過不同的世事變遷，孕育著他們各自對世界的理解，然後漸漸成為我們今天所認識的各個國家。過去的人，他們所經歷的過去事，透過文物證據與文獻記載所留下的寶貴資料，再經由後人的發掘、考證與解讀，就成了我們今天所看到的歷史。

總之，如果不了解歷史，我們便無法明白世界為什麼會成為現在這個模樣；而如果不了解世界現在的模樣，我們便難以給這個世界塑造一個更理想的未來。

這套【少年愛讀世界史】所講述的範圍是整個世界，而不是某一個地區、民族或國家。在西元二十世紀六十年代以前，以個別民族國家作為歷史研究的單元（比如說中國史、英國史、法國史等等），一直被認為是最合適的方式，那麼，為什麼現在我們需要從整體世界的角度來講述歷史呢？

這是因為到了二十一世紀，我們需要一個全球化的視角與觀點。隨著時代的變化，尤其是網路的發展與全球性移民不再是特殊現象以後，人與人之間的交流益發頻繁。現代的居民、不管是住在哪裡的居民，也比過去更容易在生活中遇見與自己截然不同歷史文化背景的鄰居。過去在很長一段時間之內，用來區隔人與人的民族、國家等社會學的邊界概念已逐漸被沖淡，一個嶄新的、以全人類為背景的人類文化正在逐漸形成。

同時，與二十世紀末一派樂觀的地球村情緒不同，二十一世紀的我們，正面臨著全球化在城市與鄉鎮發展極為不平均的困境。在當今保守主義的右傾與排外思潮的崛起下，如何平衡多元文化與傳統文化的衝突，也是二十一世紀世界史所需要思考的問題。

所以我們應該讀世界史，而且需要有系統的、順著時間脈絡來讀世界史。

這就是這套【少年愛讀世界史】的特色，這套書側重西洋史，但也會不時呼應、對照同一時期的中國史；這套書注重時間感，也注重人物，因為歷史本來就是「人的故事」，而且注重從多角度來呈現一件件重要的史實。

最後，感謝字畝文化，讓我有機會來做這樣一個極有意義的工作。也感謝老友伯理，給了我極大的協助，讓我能順利完成這套世界史。

目次

第三章
法蘭克王國的興亡

第四章
封建制度時代

第五章
王權興起

第一章　中古時代來臨

自從羅馬帝國於西元四世紀末分裂為東西，
在東方的拜占庭帝國也開啟了自己的歷史。
經由君士坦丁建都、查士丁尼的盛世，
拜占庭將希臘與近東文化揉合成自己的文明底蘊，
造就千年帝國跨越時空的無窮影響。

從這一卷開始進入中古史。我們將用三卷的篇幅（卷四、卷五和卷六）來講述中古史，卷四和卷五的內容是以西元一〇五四年，東西教會的決裂做為一個分界線，從這一年以後，羅馬帝國東部拜占庭人和斯拉夫人所信奉的希臘東正教會，與西方的羅馬天主教世界分離，這是一個影響後世歐洲歷史發展深遠的重大事件。卷六則講述文藝復興時代，這段時期通常也被歸類在中古史。

一般概念的「中古」歷時一千年左右，大致分為三個階段：

●第一個階段

大約從西元五世紀末至十一世紀中葉，是中古文化的奠定時期，通常被稱為「中古初期」。這一卷所講述的就是「中古初期」的歷史。

●第二個階段

大約從西元十一世紀中葉至十三世紀末葉，稱為「中古盛期」。這是卷五要講述的部分。

●第三個時期

大約從西元十三世紀末至十四世紀初，為「中古晚期」，不過近代歷史學者通常都習慣把「中古晚期」稱為「文藝復興時代」，我們這套【少年愛讀世界史】

也採用這樣的做法。

什麼是「中古」？

在正式開始講述中古史之前，有一個概念要先釐清，那就是「中古」這個詞其實最初是一種誤用，是文藝復興時代的學者叫出來的。你可能還聽過一種說法，有人把西方的中古史稱做是「黑暗時代」，這也是來自文藝復興時代學者的觀點。最早這麼說的，應該是文藝復興時代一位人文學者、被稱為「人文運動之父」的佩脫拉克（西元一三〇四～一三七四年）。佩脫拉克曾經把歷史劃分為兩個階段：以西元四世紀末（西元三九二年），基督教被定為羅馬帝國國教這一年為分界線，之前是「古代」，之後是「近代」，而他所生活的西元十四世紀，對他來說自然就是「當代」。在佩脫拉克看來，「近代」這數百年都是野蠻的、黑暗的，因此他很可能是提出「黑暗時代」這樣說法的第一人。

接下來，還有其他一些學者也紛紛採取類似的概分法，並一直沿用了下來，於是將歐洲史採三分法遂成為一種慣例。近代學者雖然也沿用這樣的說法，但只是基於方便，大家普遍認為無論是在寫作或教學上，三分法都有其實用價值，可是對「中古」一詞的意涵，當然是早就與文藝復興時代完全不同。尤其是西元十八世紀末和十九世紀初的歷史學者指出，歷史是有延續性的，都是在前人的基礎之上不斷發展的，不可能有哪一個階段的文化會是完全真空，「中古」這一千年左右的歲月其實也是承先啟後，一定也有它自己的特色，不會像文藝復興時代學者所想像的那麼黑暗和野蠻。之後，凡是研究中古史的學者大多秉持同樣的觀點，等到進入西元二十世紀以後，「黑暗中古」一說就只是歷史上曾經存在過的一個名詞罷了。

這一卷要說的「中古初期」大約五百五十年，歐洲在此時期從一個頗為混亂的局面逐漸趨於穩定。如果要先簡單列舉一下在這段時期重要的歷史走向，大致包括以下幾個重點：拜占庭帝國創造了特有的希臘和近東的混合文化；阿拉伯的回教改變了地中海世界的面目，建立了一個高度文明且繁榮的龐大帝國；日耳曼民族和繼日耳曼民族之後的斯堪地那維亞民族的定居；封建社會的形成；基督教領導歐洲社會……這些我們在本卷中都會提及。

1 中古文化的基礎

那麼，什麼是「中古文化」呢？簡單來講，就是「在基督教的領導之下，日耳曼人（日耳曼諸民族）在希臘羅馬的傳統之上所建立的文化」。因此，在開始講述中古史以前，我們有必要先扼要的溫習一下關於羅馬帝國的衰亡、基督教的興起和發展，以及日耳曼民族的遷移（其實就是本系列卷三《上古史II》所講述的主要內容）。

羅馬帝國在西元三九五年分裂成東、西兩個帝國，而西羅馬帝國於西元四七六年因日耳曼人入侵而滅亡。

在西元四七六年之前，羅馬帝國五百年的歷史可概分為三個時期：

●第一個時期

從西元前三一年屋大維擊敗對手安東尼，到西元一八〇年哲學家皇帝奧里略過世，這段時期是羅馬帝國的興盛期，被稱做「羅馬帝國的盛世」。屋大維雖然從未稱帝，而喜歡自稱「元首」，但實際上就是以元首制來包裝帝制，所以後世將屋大維視為羅馬帝國的創業皇帝。

● 第二個時期

盛世之後，羅馬帝國經歷了長達一個世紀的革命與動亂。在這一百年間，羅馬的皇帝都是行伍出身，以武力奪取帝位，如果不計僭位者（「僭」就是指篡位），光是「正統」的皇帝就有十七人之多；而在這十七人之中，壽終正寢者只有兩位，死於獄中的一位，戰死沙場的三位，其他十一位都是死於暗殺，由此可見這個時期的局勢之亂。

● 第三個時期

從西元二八四至四七六年，雖然有戴克里先、君士坦丁、狄奥多西等幾個不錯的皇帝勵精圖治，然而終究還是無法改變羅馬帝國已經非常孱弱的體質，最終帝國在內憂外患的交迫之下，被日耳曼諸民族所建立的王國所取代，西元四七六年西羅馬帝國滅亡，而東羅馬帝國則走向希臘和近東文化混合的道路（詳述於24頁）。

羅馬是從一個城邦發展至一個龐大的帝國，到了後期戴克里先和君士坦丁的時代，帝國疆土大致仍和以往相同，最北是「哈德良長城」，這是「五賢君」時期的哈德良皇帝所建，也就是日後蘇格蘭和英格蘭的分界線。而在歐洲大陸，帝國的北部疆土是以萊茵河和多瑙河為界，從北海一直到黑海、從黑海南岸的特拉布宗到大西洋，帝國的東部和南部邊境並沒有天然的界限。

羅馬人把地中海稱做「我們的海」，大概是因為羅馬帝國的疆域就是環繞著地中海，只有不列顛、北高盧和多瑙河流域一帶不屬於地中海地區，所以大致包括今天整個小亞細亞、敘利亞、巴勒斯坦、埃及、的黎波里、突尼斯、阿爾及利亞和摩洛哥，都是羅馬帝國的領土。

地中海是歐洲、非洲和亞洲大陸之間的一塊海域，是世界上最大的「陸間海」。所謂「陸間海」，意思就是處於幾個大陸之間的海。羅馬帝國的疆域之大，真是令人咋舌。

羅馬帝國衰亡的原因

關於羅馬帝國為什麼會走向衰亡，歷來一直有各個領域的學者都探討過，除了因為疆域遼闊，實在不易管理之外，還有幾個普遍被視為主因的因素，包括：羅馬盛世時期帝位繼承的傳統受到破壞，連帶影響到政局的穩定；早期帝國的成功是由於強大而又能矢志效忠國家的軍團，可是後來當軍隊成為政爭的主力，軍團自然就不能再像以往那樣好好履行保家衛國的責任；經濟的失敗把社會一步一步的推向崩潰，尤其是在羅馬帝國後期，在經濟狀況已經很糟糕的情況之下，諸多羅馬皇帝卻眼光短淺、急功近利，只知道一味的加稅、保障稅源，甚至實行「世業政策」（職業世襲），把生產者全部都固定在他們負責生產的位置上，如此一來就造成經濟活動益發僵化，到後來就連負責徵稅的地方官吏也變成世襲，且規定如果徵稅不足就要由這些官吏自行墊付，造成官吏的處境十分悲慘，沒人願意做官。在西元四世紀中葉（西元三六三年），甚至還特許凡是有子女十三人以上者可以免除擔任地方官吏——做官本來是一種榮譽，可後來「可以不必做官」竟成了一項莫大的恩惠。

還有就是文化的衰微。其實羅馬人所擅長的原本就是在軍事和政治這兩方面，至於思想、文學和藝術等偏重理論方面的文化活動，本來就不是他們所長，而大多都是來自於希臘化的東方世界，即使是在羅馬帝國盛世的拉丁文學，格調和精神也都是來自希臘，因此有很多學者都說：強大的羅馬軍團雖然征服了地中海世界，但希臘文化卻征服了羅馬。

既然帝國自身的文化不夠強大，當然就無法阻止外來思想文化的傳播，因此到了西元四世紀中葉，早期備受打壓的**基督教**終於獲得最後的勝利。其實在帝國西部還沒有到最後崩潰之際，羅馬文明就已開始過渡為基督教文明了。

基督教——「基督教」一詞原指耶穌基督所創立的宗教，後來凡是信從耶穌基督的，無論是天主教、東正教或馬丁路德（西元一四八三～一五四六年）倡導宗教改革之後的各個新派，都稱為基督教。

基督教與羅馬帝國：從教難頻傳到成為國教

基督教的使命原是「出世的」，但是由於大環境的轉變，它也逐漸肩負起「入世」的責任。「出世」和「入世」是兩個相對的概念，前者指的是拋棄一切世俗雜念，專心追求精神層面的滿足；後者則正好相反，指的是在世俗中打滾。

從西元三世紀以後，羅馬文明已經開始呈現衰微的趨勢時，幸好有基督教擔負起繼往開來的重大責任，一方面繼承希臘羅馬的文化遺產，另一方面也積極將自己的思想逐漸傳播到整個歐洲。甚至後來當日耳曼人進入羅馬帝國，也是基督教將寶貴的古典文化教給了蠻族；而當西羅馬帝國滅亡、西部再也沒有羅馬政府以後，基督教各個教區的主教更取代了原本的地方政府，等於是直接負起了領導的責任。

在整個中古時代，可以說是基督教聯繫起各個民族，建立起一個基督教世界和基督教文化。

所以，當我們回望西方歷史，我們會發現影響西方文化最深的幾個因素：第一是希臘文化，第二是羅馬文化，第三是基督教文化，第四是日耳曼人。後來日耳曼人的入侵不僅改變了羅馬帝國的命運，也把西方歷史從上古推向了中古。

基督教可以說是整個羅馬帝國社會的產物，最早可能源自猶太人，創始於西元一世紀。

從西元六四年尼祿皇帝開始迫害基督徒以後，一直到西元三一三年君士坦丁大帝頒發「米蘭敕令」為止，前後一共兩百五十年，這段時期在教會史上稱為「教難時期」。不過，這當然是一個粗略的說法，在這麼漫長的歲月裡，帝國迫害基督徒的事雖時有發生，但確切的情況不一而足，基督教和基督徒也曾經獲得過喘息。

而且即使是教難事件頻傳，基督教也沒有被消滅，反而愈挫愈勇，在西元三世紀時就頗為流行，到了西元四世紀時大盛，並且在四世紀末成為**羅馬帝國的國教**。

羅馬帝國的宗教政策向來相當寬容，一直都是多神信仰，但為什麼會容不下基督教、迫害基督教呢？究其原因，主要還是因為基督教的教義與帝國利益有著先天上無法調和的矛盾。因為基督教屬一神信仰，拒絕崇拜羅馬帝國的皇帝，最初尼祿皇帝迫害基督教只是想為一場羅馬大火找替罪羊，但是後來隨著帝國國力逐漸走下坡，當局就愈來愈認為基督教不肯神化皇帝，是危及帝國利益的行為，因此，在西

羅馬帝國的國教——西元三八〇年，狄奧多西皇帝頒布了一道詔令，雖然沒有直接承認基督教為國教，但在這道詔令中禁止基督教以外的其他各種異端，其實已經無異於立基督教為國教。接下來，翌年禁止一切外教祭祀；又過了十年（西元三九一年）下令封閉全國廟宇；到了西元三九二年，更禁止家庭宗教，至此羅馬帝國已經徒有「信仰自由」，卻沒有「宗教自由」，人民不能進行公開的宗教活動，而且只有基督教才受到法律的承認，是羅馬帝國的國教。

在羅馬競技場裡，受到宗教迫害、即將喪命於野獸之口的基督徒，向上帝進行最後一次禱告。

元三世紀之前，教難都只是地區性的不幸事件，可是從西元三世紀起所發生的教難就是全國性的，經常都還是由皇帝親自發動，這個性質就非常不一樣了。

想想基督教從早期的飽受迫害，到最後竟然成為羅馬帝國的國教，轉變之大真是非同小可。這樣的轉變自然也引發了一連串的影響，比方說政教合一體制的成形就是其中之一，就連清修運動也和基督教成為帝國國教、承擔的世俗責任愈來愈大有關——因為有很多原本一心出世的信徒，在日益入世的教會裡已經找不到出世的感覺，只得更加遠遁山林，去尋找人生的答案。

匈奴、日耳曼人與其他蠻族

早在西元前一世紀，羅馬人和蠻族之間就已經產生了聯繫，雙方的文化也相互影響，這樣經過了五百年，到了西元四世紀時，羅馬帝國的軍隊裡已經有不少日耳曼傭兵，有的甚至能做到高級將領。此外，羅馬商人也經常往來於帝國與蠻族地區，蠻族子弟以人質身分接受羅馬教育的也愈來愈多。

經過幾個世紀的接觸，帝國西方各省其實已經逐漸日耳曼化，而邊疆地區的日耳曼人也逐漸羅馬化，這種文化上的交流到了西元四世紀末和五世紀時，由於日耳曼人又一次的大遷移而加速，最後導致西羅馬帝國滅亡，日耳曼諸民族所建立的王國興起，歷史開始步入了中古時代。

可以說日耳曼人的大遷移改變了地中海世界的政治形勢，甚至如果在西元五世紀中葉（西元四五一年），匈奴首領阿提拉沒有在「沙隆戰役」受阻，那整個歐洲的歷史恐怕就將改寫了，所以一般歷史學家都將這一年視為歐洲史的轉捩點。當時，阿提拉勢如破竹渡過萊茵河、進入高盧，結果在特華（今法國東北部）碰到了由羅馬人、哥德人等組成的聯軍，阿提拉居然在這場大戰中意外吃了敗仗，然後退至今天的匈牙利。

「沙隆戰役」的挫敗並沒有讓阿提拉打消侵略的野心，翌年他就捲土重來，在義大利本土大肆劫掠。原本羅馬城也岌岌可危，結果在教皇利奧一世的請求和勸說之下，羅馬城總算**倖免於難**。阿提拉回到匈牙利後，沒多久（西元四五三年）就過世了，阿提拉一死，他的帝國也就隨之土崩瓦解，到頭來匈奴人的掃蕩西歐，就像一場夏日午後的雷陣雨，來得快去得也快，在歷史上幾乎沒有留下任何痕跡。

而其他蠻族就不一樣了，紛紛在帝國的疆域裡建國，譬如西哥德

羅馬城倖免於難——在歷史上羅馬城有過兩次被蠻族大掠的紀錄，一次是西哥德人（西元四一〇年），另一次是汪達爾人（西元四五五年）。羅馬城自從在西元前四世紀末（西元前三九〇年）一度被高盧人所攻占，八百年來一直是羅馬精神的象徵，如今竟然被蠻族占領，這給人民心理上帶來的震撼和打擊真是可想而知，而且經過這兩次大掠，城內千百年來所累積的財富幾乎都被搜刮一空，唯一倖免於難、得以保全的只剩下基督教堂。

盎格魯-薩克遜人——侵略不列顛的日耳曼人，來自日德蘭半島的盎格魯、薩克遜和日德三個部落，這三個部落的風俗、語言和傳統都很接近，因此被統稱為「盎格魯-薩克遜人」。

王國、汪達爾王國等等。不過，按後世史家的認知，在日耳曼諸民族中，只有汪達爾人和**盎格魯-薩克遜**人才算是真正的侵略者，他們以搶劫者的身分進入帝國，又以勝利者的姿態統治著占領區。盎格魯-薩克遜人在**征服不列顛**之後，對於原住民的宗教、語言或生活習慣等等完全不接受，進行了全面的改革，這可以說是一次最徹底且最完全的征服。至於其他日耳曼人進入羅馬帝國，情形都與汪達爾人和盎格魯-薩克遜人不同，有的是像西哥德人那樣獲得帝國的許可建國，有的是像東哥德人那樣受到帝國的邀請，也有的是像法蘭克人那樣，是因自然擴展才進入羅馬帝國的領土，嚴格來說都不算是入侵者。

在汪達爾人洗劫羅馬城的二十年後，各省的政治制度已經蕩然無存，義大利的實際統治者大多都是日耳曼將軍，所謂的皇帝不過只是他們的傀儡罷了，西羅馬帝國搖搖欲墜，眼看就要解體。西元四七六年，一位日耳曼將軍奧多亞塞在推翻時年十四歲的小皇帝羅慕路斯之後，連傀儡都懶得立

征服不列顛——在西元五世紀初年（一般史家推定是在西元四〇七年），羅馬帝國為了要防衛義大利和高盧，撤回了駐防在不列顛的軍團，從這個時候開始一直到西元七世紀後期，不列顛的歷史十分模糊，神話的成分比史實大得多。

比方說名氣很大的亞瑟王，就是一位存在於傳說中的人物，至今為止還沒有任何實質性的證據能夠證明確有其人，學者只能推測如果歷史上真的有過這麼一個人，他應該是生活在西元五〇〇年左右，也就是西元六世紀初。

關於亞瑟王的傳說很多，像石中劍、梅林法師、尋找聖杯、圓桌武士等等，世人對亞瑟王的了解幾乎都是來自於西元十五世紀英國作家湯馬斯·馬洛禮（約西元一四一五～一四七一年）的作品，馬洛禮一生的代表作，就是《亞瑟王之死》這一部史詩式傳奇。

傳說中的不列顛領導者亞瑟王。英國畫家繪於1903 年。

亞瑟王與他的圓桌武士。圓桌因為沒有首尾之分，象徵著亞瑟王與他的騎士是平等的存在。

了，直接登上了皇帝之位，於是後世史家遂將西元四七六年定為西羅馬帝國滅亡的一年，同時也是上古時代結束、中古時代開始的一年。

不過，羅馬帝國在西邊固然是滅亡了，但觀念還繼續存在，隨後藉著基督教的傳播，羅馬帝國不僅被視為一個神聖的政治制度，而且還是一個世界性的、甚至是永恆的政治制度。之後的許多中古學者和政治家都一直希望能夠建立一個基督教化的羅馬帝國，譬如查理曼大帝（西元七四二～八一四年）的「基督教共和國」、鄂圖大帝（西元九一二～九七三年）的「日耳曼民族羅馬帝國」、腓特烈一世（西元一一二二～一一九〇年）的「神聖羅馬帝國」，都是抱持著這樣的理想。後世學者指出，就是因為追求這個「基督教化羅馬帝國」的理想，中古時代才有了鮮明的統一性，或是說主旋律。

2 查士丁尼大帝與拜占庭帝國

羅馬帝國後期聲名最顯赫的皇帝君士坦丁大帝，在西元三一二年統一西部，過了十二年（西元三二四年）又更進一步併有東部之後，為了因應帝國經濟和文化重心的東移，遂在帝國東部拜占庭古城興建新皇宮，歷時六年完成，命名為「新羅馬」，做為帝國的新都，但老百姓為了表示對君士坦丁的尊敬，都將這個地方稱做「君士坦丁堡」，從此帝國的東部就有了一個行政與文化中心。

西元三三七年，君士坦丁大帝過世，接下去的半個世紀，帝國政局又陷入一片混亂，其中君士坦丁大帝的子姪們就互相砍殺了三十多年。西元三九二年，狄奧多西一世終於再度統一羅馬帝國，他是最後一位統治統一的羅馬帝國的皇帝。然而，狄奧多西一世三年後就過世了，他過世以後，羅馬帝國再度分裂，由他的兩個兒子東西分治，從此不再併合。這樣又過了八十一年，西羅馬帝國滅亡。

相較之下，帝國東部的城市當初在被納入羅馬帝國版圖之前，大多都已存在，而帝國西部的城市則大都是帝國擴張時期的產物，所以東西兩部在文化上本來就很不一樣，一般都被分為「希臘東部」和「拉丁西部」。由於文化、包括語言不同，再加上長期宗教和政治利益的歧異，使得東西兩部日益疏離，等到西部的帝統在西元四七六年斷絕以後，東部帝國雖然又多延續了近千年，但隨著西部的覆滅，帝國原有的拉丁成分也隨即消失，而成為一個希臘化的國家。雖然當時的政府和人民都繼續稱自己這個國家為「羅馬帝國」，可後世史家為了避免與原來的羅馬帝國混淆，所以都稱之為「拜占庭帝國」。

最後一位羅馬皇帝：查士丁尼大帝

西元五世紀下半葉西羅馬帝國覆滅後，在東部君士坦丁堡的皇帝對那些已經失去的西部行省，都仍然繼續要求擁有名義上的主權，有的皇帝還以恢復西方失地、統一羅馬為己任。經過數十年，到了西元六世紀中葉，查士丁尼大帝（約西元四八二～五六五年）可以說「部分」實現了這樣的目標。

查士丁尼大帝被稱為「最後一位羅馬皇帝」，他之所以能當上皇帝，有賴於他叔叔查士丁一世（西元四五〇～五二七年）的提攜，不過在叔叔生前，查士丁尼確實是叔叔的得力助手，甚至叔叔能登上帝位也都是出於他的謀略。

查士丁其實是一個文盲，在擔任皇帝期間還因為由於不會簽名，不得不依靠「圖章」。他原本是一個農夫，後來從軍，靠著自己的奮鬥平步青雲，逐步成為禁衛軍首領，西元五一八年在姪子查士丁尼（另也有一說是外甥）的建議之下，巧妙運用形勢當上了皇帝，此時查士丁已經六十八歲了。

查士丁尼的本名是弗拉維尤斯・彼得・薩巴提尤斯，出生於帝國東部達爾達尼亞行省的陶萊索（今南斯拉夫），他原來也是一個農夫，青年時期至君士坦丁堡投奔叔叔查士丁，這時查士丁已經擔任高級將領。在叔叔的培養之下，查士丁

描繪查士丁尼大帝（正中間戴有頭飾者）的鑲嵌畫。

尼在君士坦丁堡接受了良好的教育，叔叔也對他寄予厚望。

在查士丁登基九年以後（西元五二七年），由於沒有子嗣，便將姪子收為養子，做為共治皇帝，並且將姪子改名為查士丁尼。同年，查士丁過世，查士丁尼就成了唯一的皇帝，這年查士丁尼四十五歲。

事實上，當叔叔查士丁還在世的時候，由於他缺乏教育，政治能力也不足，大權已經是由查士丁尼總攬著。等到即位以後，查士丁尼更是摩拳擦掌，準備放手大幹一番，誓言一定要恢復羅馬帝國過去的光輝，最重要的一個目標就是要以武力收復失地，完成政治上的統一。

此時西方各省都淪入日耳曼人之手，東哥德人占據義大利、汪達爾人占據北非、西哥德人占據西班牙、法蘭克人占據高盧，盎格魯–薩克遜人則分割了不列顛，在不列顛建立了許多小國。擁有雄心壯志的查士丁尼雖然一心一意想要收復西部，但是對西方用兵二十餘年的結果，不僅成效不彰，只收復了北非、義大利和一部分的西班牙，而且代價還相當高昂，戰爭期間龐大的軍費、再加上收復地因戰爭造成的經濟蕭條，都大幅增加了東部人民的負擔，老百姓無不怨聲載道，這就是為什麼後世會批評查士丁尼「好大喜功」的主因。

更要命的是，由於查士丁尼將大批軍隊都調往西方，東方邊防削弱了，遂不斷受到外患的壓迫，其中以來自波斯的威脅最大。西元五四〇至五四五年之間，波斯一再向拜占庭帝國發動戰爭，每年必定進犯敘利亞，安提阿城一度被焚為廢墟。因此，可以說查士丁尼的西方政策導致了以後的波斯戰爭，而且後來兩敗俱傷，讓阿拉伯人坐收漁翁之利。

◆羅馬帝國最後一段黃金時代：查士丁尼時代

查士丁尼在武功方面的表現不盡如人意，但他之所以仍然是一位名留青史的傑出皇帝，主要是因為他在整理法律方面很有貢獻。

羅馬人雖然以法治著稱，但是對法律做有系統的整理卻比較晚。一般而言，供法庭引用的羅馬法律大致是兩類：一，共和時期人民大會和元老院頒布的法令，以及帝國時代皇帝所頒布的法令；二，歷代法官的判例和律師的解釋。隨著時間的推移，不難想見這兩大類的內容都很龐雜，亟需做一個非常有條理的整理。

在西元三、四世紀戴克里先皇帝的時代，曾經出現過兩種整理法律的書籍，但都屬於私人性質的著作，沒有約束力。到了西元五世紀初（西元四二九年），狄奧多西二世（西元四〇一～四五〇年）決定要整理法律（狄奧多西二世的祖父，就是在西元三九二年統治整個羅馬帝國的皇帝，狄奧多西一世）。

經過近十年的努力，西元四三八年《狄奧多西法典》公布。這固然已是一大工程，但因內容只包括了君士坦丁大帝以後歷代皇帝的法令，對於君士坦丁大帝之前的法律都未觸及，就羅馬法律的完整性而言自然還是不夠。

西元五二八年，也就是在查士丁尼登基後的第二年，他決心要完成《狄奧多西法典》未竟的工作，遂組織了一個十人委員會，由著名法律家托利包尼安領導，計畫要著手將過去所有的法令都做一個全盤性的整理，一方面取消一些過時的法令，另一方面則將保留下來的法令分門別類，再細心梳理，如果有重覆的當然就立刻剔除，如果有矛盾的就盡力協調，使得整理出來的這套法律不僅架構十分完整，而且邏輯合理、條理清晰。

十人委員會效率驚人，《查士丁尼法典》翌年就完成並且公布，只是接下來又經過五年的修改，於西元五三四年才推出了定稿，全書共十二卷，包含四千多條法令。

《查士丁尼法典》在歷史上到底有多重要？可以這麼說，這部完成於西元六世紀上半葉的法典，後來成為歐洲很多國家法律發展的基礎。放眼全世界，再也沒有任何一部法典能夠具有如此不朽的地位。

除了在整理法典上的成就，查士丁尼對後世還有一大貢獻，那就是成為拜占庭藝術的先導。拜占庭藝術是從西元五世紀一直到十五世紀發展起來的藝術風格和技巧，融合了古典藝術的自然主義和東方藝術的抽象裝飾特質，其中所包含近東和希臘的成分要多於羅馬的成分，是希臘羅馬古典藝術與後來的西歐藝術之間的紐帶。拜占庭式的建築，更成為了一種特殊的藝術樣式。

查士丁尼的時代是拜占庭藝術的黃金時代，查士丁尼所興建的「聖智堂」，也有人稱之為「**聖索菲亞大教堂**（Sancta Sophia）」，富麗堂皇、精雕細琢，堪稱世界奇觀。

有統計稱，包括聖索菲亞大教堂在內，查士丁尼在君士坦丁堡新建和改建的教堂多達二十五座，而如果將在拜占庭帝國其他城市興建的教堂加起來，總數更是超過一千座。

查士丁尼在位三十八年（西元五二七～五六五年），為拜占庭帝國在歐洲中世紀初期造成短暫的復興，也是羅馬帝國最後一段光榮輝煌的時期，世稱「查士丁尼時代」。

查士丁尼的行政才能相當出色，精力過人又十分勤政，在當時被

聖索菲亞大教堂——「Sancta Sophia」是拉丁語，在希臘語裡的意思是「上帝的智慧」。聖索菲亞大教堂位於現今土耳其伊斯坦堡，因巨大的圓頂而聞名於世，教堂供奉在正統基督教神學裡的耶穌。不過，這座教堂同樣的地點之前曾經存在過兩座教堂，後來都在暴亂中遭到摧毀，西元五三二年查士丁尼大帝下令興建第三座教堂，僅僅只費時五年左右就興建完成。直到西元十六世紀初被塞維亞大教堂（位於今西班牙塞維亞）取代之前，聖索菲亞大教堂一直都是世界上最大的教堂。

聖索菲亞大教堂西南大門上的馬賽克聖母像，站在聖母左邊的是君士坦丁大帝，右邊的是查士丁尼大帝。

譽為「不眠不休的皇帝」。

◆──優柔寡斷的查士丁尼大帝

不可否認查士丁尼為拜占庭帝國留下了深遠的影響，此後長達幾個世紀，拜占庭帝國無論是在法律、教會、政治、外交等各方面，都直接或間接受到他的影響。

查士丁尼一心希望能夠恢復羅馬帝國的榮光（不止是想要收復西部失地，還包括想要美化君士坦丁堡和其他城市，來顯示帝國的繁榮和富強），結果這樣的心願造成財政上極大的負擔，各種苛捐雜稅令百姓無力承受。查士丁尼享年八十三歲左右，在他臨終之際，帝國財政幾乎破產，當得知查士丁尼過世的時候，帝國百姓一個個都如釋重負。

據說查士丁尼性格上有一個嚴重的缺點：缺乏果斷，關於這一點，有一個例子足可說明，那就是查士丁尼對待異端的態度。在基督教的語境下，「異端」指的是與正統基督教神學相違背的各種教義以及信仰派別。

當時羅馬帝國盛行「一性論」（簡單來說，就是認為耶穌的本性仍屬神性而非人性），查士丁尼最初接受羅馬方面「反一性論」的主張，因為在西元三二五年君士坦丁大帝召開的「尼西亞會議」中，已經通過了《尼西亞信經》，確定了「聖父、聖子、聖神為三位一體的天主，地位平等」，這成了正統的基督教教義。

查士丁尼在西元五三六年召開「君士坦丁堡會議」，聲明「一性論」是異端，可是十七年後（西元五五三年），他召開第二次「君士坦丁堡會議」，居然又推翻之前的結論，因而與羅馬教宗發生了極大的不愉快。其實，當查士丁尼認定「一性論」是異端的那個時候，或許是著眼於帝國大一統這樣的原則，有其政治上的考量，然而由於他的舉棋不定，後來反而造成更大的混亂和分裂。

雖然從君士坦丁大帝以來，歷代皇帝在東部對教會行使權力本來就比在西部為甚，譬如控制教會的行政、壓制被認為與正宗信仰不合的教派，但查士丁尼主張皇帝有權親自裁決教義的爭執，並且有權強使教會和人民接受他的裁決，這就比專制還要更專制了，教會徹底成了一個政府的部門，希臘東正教會就此未曾從被皇帝役使的地位中解脫出來。

不過，相對於查士丁尼的優柔寡斷，皇后迪奧多拉（西元五〇〇～五四八年）的果斷剛好彌補了他的不足。迪奧多拉比查士丁尼年輕十八歲左右，她出身卑微，父親是馬戲班的馴獸師。

西元五三二年，在查士丁尼即位五年左右，爆發了「尼卡暴動（The Nika

繪於義大利聖維塔堂壁畫上的迪奧多拉（正中間戴有頭飾者）。

Insurrection）」，亦稱做「勝利暴動」，因為「尼卡（Nika）」就是「勝利」的意思。暴動爆發一週左右，起義者幾乎已經控制了君士坦丁堡，準備要推選新皇帝，此時查士丁尼差一點就要棄城逃跑，多虧年輕的皇后迪奧多拉（時年三十二歲）臨危不亂，及時阻止，義正辭嚴的表示：「一國之君豈可棄皇冠而偷生？」查士丁尼才改變主意，決定要留下來面對棘手的局面，後來終於反敗為勝，平息了暴動，反對勢力也就此消滅，使他的統治獲得了穩定。同時，查士丁尼隨即下令，要重建在暴動中遭到嚴重破壞的聖索菲亞大教堂。

所以，如果沒有迪奧多拉皇后，或許查士丁尼就沒有機會留名青史了。

3 拜占庭帝國的中衰

查士丁尼大帝在西元六世紀中葉（西元五六五年）過世，接下來是一段內憂外患的時期，一直到近半個世紀以後（西元六一〇年）希拉克略（西元五七五～六四一年）即位，拜占庭帝國的歷史才又進入一個新的朝代。

如果說查士丁尼是「最後一位羅馬皇帝」，那麼希拉克略就是「第一位拜占庭皇帝」。希拉克略原本是非洲省長，在他三十五歲這年（西元六一〇年），他的兒子在局勢一片混亂的情況之下，率海軍自迦太基直取君士坦丁堡，然後擁護父親即位。

之後希拉克略在位的三十一年間，有兩件大事必須一提：一，希臘語文正式代替了拉丁語文，成為朝廷和政府的官方語文；二，在他即位之時，因波斯入侵的問題日益嚴重，希拉克略遂全力對付波斯問題，忽略了義大利的倫巴底人，這對往後義大利的政局產生了長遠的影響，義大利從此四分五裂，要到一千三百多年以後才能統一。

日耳曼蠻族再次入侵

在上一節中我們說過，在查士丁尼大帝以武力收復西部失地的政策下，義大利半島一度從東哥德人的手中又回到羅馬帝國的版圖。可是在查士丁尼過世後僅僅三年，另外一支日耳曼蠻族又入侵了義大利，並且帶來更大的騷亂——這就是倫巴底人。

就像其他蠻族一樣，倫巴底人也是遊牧民族，他們的老家在北日耳曼易北河流域，之後再向東南移至多瑙河流域。在查士丁尼時代，拜占庭帝國對義大利用兵時，倫巴底人曾經出兵五千相助。

西元五六八年，倫巴底人循著過去蠻族西進的路線，侵入了義大利北部的波河流域、阿爾卑斯山以南和亞平寧山脈以北的地區（這些地方後來被稱做「倫巴底」），和他們同時進入的還有由薩克遜人和保加利亞人所組成的副軍。

從倫巴底人入侵到他們亡國前後大約兩百年（西元五六八～七七四年），在這兩個世紀中，他們和之前其他大部分蠻族的做法不同：倫巴底人不容許義大利地主的存在，也無意要和東邊的拜占庭帝國維持表面上的關係。影響所及，造成後來倫巴底與義大利半島其他地區，在文化上呈現頗大的差異。

蠻族大舉入侵羅馬帝國始於西元四世紀下半葉，但是在過去將近兩百年的時間裡，羅馬雖然歷經劫難，都仍然能夠保持著在文化上發揮同化的力量，直到倫巴底人的入侵，羅馬傳統的社會制度這才受到了極其嚴重的創傷。

在入侵義大利七年以後，倫巴底人開始向南擴張，拜占庭帝國對此莫可奈何，只能與倫巴底人簽訂臨時和約。於是，在查士丁尼過世後不到二、三十年，倫巴底人就擁有義大利半島一大半的土地。

其他的蠻族也沒閒著。譬如，原本查士丁尼從西哥德人手裡拿回的部分西班牙地區，又被西哥德人重新占領；斯拉夫人和其他蠻族也進占了巴爾幹的大部分行省等等。不過，最糟糕的還是波斯人的入侵。

西元七世紀初（西元六〇八年），波斯軍進逼小亞細亞的迦爾西敦，五年後（西元六一三年）占領敘利亞，造成巴勒斯坦的門戶大開。翌年，基督教聖地耶路撒冷陷落，就連當年耶穌被釘的十字架，如此珍貴的聖物都被竊走；同年，波斯軍又占據了埃及。五年後（西元六一九年），波斯軍竟然圍困君士坦丁堡！

不過，面對敵軍圍城，皇帝希拉克略很沉得住氣，一方面先暫時採取守勢，另一方面則加緊整頓陸軍和海軍。經過將近三年的準備，希拉克略從西元六二二至六二八年，六年之內先後發動了六次波斯戰爭。後世史家對於這六次戰爭都給予很高的評價，認為希拉克略表現出高超的軍事戰略天才，以及大無畏的勇氣。譬如，他避免與波斯主力軍正面遭遇，而是抄海路繞道小亞細亞南部，切斷敵軍主力的後方補給，然後往東進軍亞美尼亞和高加索山區。

波斯人的反應也很厲害，迅速和亞伐人結盟，計畫要東西夾攻君士坦丁堡。情勢危急，希拉克略非常冷靜，當即做出調整，率軍南向，直取波斯本土，造成波斯大亂。他在西元六二八年還成功占據了波斯的首都泰西封，最後波斯國王慌忙逃走，太子叛變篡位，然後被逼投降。

至此，波斯戰爭終於結束，波斯歸還了之前所有占領拜占庭帝國的領土。此前被波斯軍劫走的那個耶穌被釘的十字架，也被希拉克略帶回耶路撒冷。

打從希臘時代就開始的東西兩大文化的衝突，到這裡也終於宣告終止。「征服波斯」在過去一直是希臘人和羅馬人歷代夢寐以求的壯舉，如今在拜占庭帝國希拉克略皇帝的手上完成了。

然而，日後的歷史證明，這場前後為期二十年的波斯戰爭，實際上是兩敗俱傷。在波斯戰爭結束後沒有幾年，另一個東方帝國（阿拉伯帝國）興起，後來既消滅了波斯，也削弱了拜占庭帝國。因此，也有不少學者會將西元六二八至六三三年這五年，視為西方歷史從古代過渡到中古的最後一程。

拜占庭如何成為千年帝國？

儘管在西元七〇〇年左右，拜占庭帝國就已經只是一個地狹人稠的國家，領土以君士坦丁堡為中心，一部分在歐洲，一部分在亞洲，而且之後還不斷受到回教勢力和斯拉夫人的威脅，可後來國祚卻仍然延續了近一千年。在這麼漫長的歲月中雖然不止一次瀕臨絕境，但直到最後在西元一四五三年亡於土耳其之前，總是能夠絕地逢生、化險為夷，這其中不可能只是歸因於奇蹟，應該還有別的因素，比方說，帝國首都君士坦丁堡相當優越的地理位置，就是一個非常重要的原因。

當年君士坦丁大帝在為帝國尋覓新都時，選擇拜占庭這個地方可是經過一番周密的考量：君士坦丁堡位於巴爾幹半島東端，三面環水，東邊為博斯普魯斯海峽，南邊臨馬摩拉海，北為**金角灣**，只有西邊連接陸地，居高臨下俯瞰色雷斯平原——整個城區就像一座巧奪天工的要塞，易守難攻。自建城以來，君士坦丁堡曾多次遭到敵人的圍攻（譬如我們在前面提到過，波斯軍於西元六一九年的圍城），但幾乎每次君士坦丁堡都是由於形勢險要而倖免於難。拜占庭帝國之所以能夠屹立那麼久，跟**首都不易被攻下**有很大的關係。

此外，君士坦丁堡不僅是重要的軍事大道，是歐陸通往亞洲的必經之地，也是從黑海前往愛琴海的唯一通路，可以說是扼黑海的門戶，因此經濟效益對於帝國的延續也非常重要。從西元四世紀中期開始（其實就是從建城之後二、三十年左右），一直到西元十三世紀初，長達八百多年，君士坦丁堡都是全歐洲規模最大且最繁華的城市。

也因為君士坦丁堡的商業繁榮，帶動了工藝製造業的發達，諸如

金角灣——金角灣是一處條件很好的天然港灣，全長大約十公里，主航道寬約四百六十公尺，並有多處分支水道可供船隻停泊。自古以來這裡就是世界各地商船集中的地方，為當地居民帶來無比的財富，因此被稱做「金角」。這是因為在希臘神話中，「羊角」是豐收和財富的象徵。

首都不易被攻下——從君士坦丁大帝在此建都以來，君士坦丁堡只有兩次被圍攻失守，一次是在西元一二〇四年十字軍東征（我們會在卷五講到這個階段的歷史）；另一次就是在西元一四五三年被土耳其人攻破，拜占庭帝國也因此滅亡。

陶器、衣料、布匹、鑲嵌藝術用的彩石等等，都很出色。在查士丁尼在位時期，養蠶術傳入，絲織品也成為重要的工業之一。總之，經濟力量是拜占庭帝國之所以能夠維持的重要因素。再加上礦業為國家專有，所得金銀正好可以拿來減輕戰爭和外交上的重負。

其次，自查士丁尼大帝以降，拜占庭帝國皇帝所掌握的絕對專制的權力，使得皇帝在危急之秋能傾全國、包括教會的全力，來做最及時、最有效的應對。細觀拜占庭帝國的歷史，每當國家發生極大的危難時，總有一些剛毅能幹的皇帝能夠帶領人民度過難關。同時，查士丁尼所建立的帝國行政體系，即使是在時局紛擾之際，也總能維持政府的職能正常的運作。

當然，拜占庭帝國的弱點也是非常明顯的。後世學者認為，最大的弱點在於未能確定皇位繼承制度。原則上，拜占庭是依照羅馬的傳統，嚴格來說世襲制度是不合法的，皇帝應由人民直接選舉，或間接由元老院、或者某一部隊擁立；可是因為皇帝的權力太大，不免引起很多充滿野心的政客和手握兵權的軍人所垂涎，因而造成政局上波動不已。

帝國還有一大弱點，就是宗教問題。由於希臘人崇尚理論的傳統，帝國百姓中對神學興趣濃厚的宗教狂熱分子不在少數，這麼一來，神學上的歧見很容易就

拜占庭帝國的金銀製品。

拜占庭帝國的金飾。

引起黨派對立，有些政客甚至還會利用宗教上的糾紛來謀取個人私利，引起社會不安。

自西元四世紀以降，東部的希臘教會與西方的拉丁教會日益疏離，之後東西教會間的關係時斷時續，到了西元一〇五四年最後決裂。我們在本書一開始就說過，這是一個影響後世歐洲歷史發展深遠的重大事件。

4 拜占庭文明

在上一節我們提到過，拜占庭帝國有很多人都對宗教懷抱著濃厚的興趣，這成了拜占庭文明中很重要的成分，反映在方方面面。

比方說，拜占庭建築中最卓越的一類建築就是教堂；而以美術來講，最傑出的作品都是神龕、聖徒畫像和宗教鑲嵌圖案；在拜占庭的著作中，神學著作占了很大的比例；在教育方面，基督教《聖經》和教會大師的著作，都是學校裡最重要的課程……這些都是宗教支配拜占庭文明非常明顯的例子。

以古希臘為模範

所謂拜占庭文明，雖然有受到來自近東（包括波斯、敘利亞、埃及，乃至回教阿拉伯人）的影響，但主要的源頭仍是古希臘，而且他們自己也深以承襲希臘的傳統為榮。就因為有這樣的自豪感，他們的作家都是以典雅的古希臘語寫作，在風格上也都有意無意在學習過去的歷史和神學著作，希拉克略皇帝甚至還將希臘語文正式代替了拉丁語文。可以說，查士丁尼時代是拉丁文化影響東方最後的時代，整體來說，在查士丁尼之後的拜占庭帝國是非常「哈」希臘的。

這樣的喜好自然不免也有一些「副作用」。以文學來說，用古希臘語來寫作的風氣，不僅造成了文言與口語的分離，無形之中也使得拜占庭文學比較缺乏屬於自己的風格。

相對而言，拜占庭的美術就非常難得了。儘管一開始也是取法古希臘，後來卻因加入了東方的色彩以及絢麗的裝飾，而產生一種獨特的藝術形式，所以才會被後世稱為「拜占庭藝術」，對當時和後世西方美術都產生了明顯的影響。

文明擴散，留下無窮影響

在歷史上，拜占庭帝國的領土雖然在建國後逐漸縮小，到了西元八世紀，帝國所擁有的領土不過就是希臘半島、小亞細亞的一部分，以及君士坦丁堡而已，可是拜占庭帝國的文明卻威力強大、盛名遠播。尤其拜占庭帝國對於東歐斯拉夫民族的開化，其程度之深，不亞於羅馬文明對日耳曼民族的開化。

入居巴爾幹半島的斯拉夫人（包括塞爾維亞人和被斯拉夫人同化的保加利亞人，以及後世併入俄羅斯的多種斯拉夫人），無論是在宗教和文化上都深受拜占庭帝國的影響。譬如他們同樣都是信奉基督教的希臘東正教會，文字都是以希臘字母為基礎，文學都喜歡模仿拜占庭的形式，工藝和建築也都表現出強烈的拜占庭風格；而在對外商業方面，他們與拜占庭帝國更是都有著密切的往來。凡此種種，都可看得出拜占庭文明的影響力。

在歐洲中古初期，至少在西元十一世紀中葉以前，拜占庭帝國在義大利還保有若干據點，之後君士坦丁堡與威尼斯等義大利重要城市，也保持著相當頻繁的商業往來，拜占庭風格的建築和美術也因此得以在義大利傳播。另外，在法蘭西南部和其他西部地方，也看得到受自拜占庭美術的影響。

12 世紀創作的拜占庭風格馬賽克鑲嵌畫，存於聖索菲亞大教堂。

同樣存於聖索菲亞大教堂的拜占庭藝術代表鑲嵌畫。畫中為李奧六世向上帝、聖母及天使加百利虔誠跪拜。

拜占庭帝國保存了羅馬法，以及珍貴的古希臘文學美術，這是拜占庭文明對於後世西方文明極大的貢獻。

第二章　回教的興起與擴展

這一章，我們要來講述關於回教從興起到成為世界宗教的歷史。

查士丁尼大帝過世不過短短幾年，
回教的創始人穆罕默德在麥加出生了。
當時麥加是一個位於荒漠邊緣還相當落後的地方，
結果這個出身卑微的阿拉伯人，對世界歷史造成極大的影響，
其影響力甚至還超過了查士丁尼大帝。

在西元六世紀中葉，查士丁尼大帝還矢志想要恢復舊羅馬帝國的規模，誰能想到就在西元七世紀初，穆罕默德（約西元五七〇～六三二年）創立回教，使阿拉伯人成為一大新興的宗教和政治勢力，並且不過百年，穆罕默德與他的繼承者就建立了一個疆域龐大的阿拉伯帝國。

後來，在西方中世紀歐洲大部分地區都處於文化停滯時期的數百年間，回教世界成了世界上的一大文明，與當時東方中國的唐代文明可說東西輝映，遠非同時期基督教世界所能相比，就連之後的西方中世紀文明也得益於回教世界的滋養甚多。

現在，我們就從回教在歐洲史裡的特殊意義開始講起吧。

穆罕默德肖像畫。繪於1436年帖木兒帝國時期。

1 回教在歐洲史裡的意義

回教，亦稱「伊斯蘭教」，是東方的宗教，由穆罕默德所創立。穆罕默德要求世人歸順真主阿拉，「伊斯蘭」就是「歸順」的意思，凡是歸順者就稱為「穆斯林」。

有了回教，才有之後的「阿拉伯帝國」（或稱「回教帝國」）與「回教文化」。關於穆罕默德其人其事，尤其是他創立回教的過程，我們會在下一節講述，這一節我們先來了解回教在歐洲史裡的意義。

◆──回教創立的基礎：阿拉伯半島上的南北交流

首先，我們來看一下在回教興起以前的阿拉伯半島是什麼樣子。

阿拉伯人（這裡是採廣義的說法，指阿拉伯民族）和猶太人一樣，同屬於閃族語系的民族。阿拉伯半島大部分地區都是沙漠，只有濱海地帶才適於農耕，因此阿拉伯人大多都是以遊牧為主。

在很早以前，阿拉伯半島曾經有過南北兩個古老的文化區，相對而言，北區比較窮困，所以，為了追求生活資源，不斷有北區的遊牧者進入比較富饒的敘利亞和美索不達米亞，後來在這裡定居下來的稱做「貝都因人」，這個名詞源自阿拉伯語的譯音，意思是「生活在荒原之上、逐水草而居的遊牧民族」。不過，他們的性格彪悍，勇猛善戰，除了遊牧，也會搶劫來往的商旅。

阿拉伯人首度出現在世界史是在西元前六四年，龐培（凱撒的政敵）率軍進入敘利亞時，盟軍中就有阿拉伯人，他們屬於納巴泰王國，就是來自於北阿拉伯，後來不但搶走了南阿拉伯的生意，更導致了南阿拉伯王國的沒落。

西元二世紀初（西元一〇六年），「五賢君」之一的圖拉真皇帝將納巴泰國降為羅馬帝國的一個行省。接下來，猶太教活躍於南阿拉伯，基督教的**聶斯托里派**和一性派也進入了北阿拉伯，這對後來的回教有很重要的影響。

西元六世紀時，有很多南阿拉伯人北遷，曾經建立了兩個王國，分別是加沙尼德和拉克米德，前者受拜占庭帝國保護，後者受波斯保護。不管如何，從西元六世紀開始南北人民混雜的現象，給了後來的回教一個很好的統一的機會。

回教在歐洲史裡的兩大意義

在中古世紀時，地中海世界有三個不同的「勢力範圍」：第一個是西歐的日耳曼諸國，都使用拉丁語文，並且信奉羅馬基督教；第二個是拜占庭帝國，從希拉克略皇帝開始，希臘語文成為官方語文，而君士坦丁堡的主教則為名義上的宗教領袖；第三個就是回教，起源於阿拉伯，官方語文和宗教、學術所使用的都是

聶斯托里派——聶斯托里（西元三八六～四五一年），敘利亞人。他因為認為耶穌的神性與人性是分開的，在西元四三一年一場教會會議上，被認定為異端。聶斯托里派是唐太宗（西元五九八～六四九年）貞觀年間最早傳入中國的一支基督教，當時的譯名稱為「景教」。

阿拉伯文，就地域而言，在回教創立者穆罕默德過世不到百年的時間裡，回教已經占有北非、東地中海地區和西班牙。

因此，從表面上看，回教屬於東方的宗教，似乎跟西方的歐洲史沒什麼關係，實則不然；由於回教占領了不少過去羅馬帝國的行省，自然而然也就接受了許多希臘、羅馬的文化，包括政治、經濟、學術、建築等等。若再進一步細分，阿拉伯人一方面從拜占庭帝國和波斯學到了政治組織，另一方面又從希臘學到了關於科學、哲學、藝術和建築的知識。接著，他們將學習而來的一切消化吸收，並揉入他們自己的文化，一種嶄新的文化便應運而生。

這麼一來，回教世界就與西方產生了微妙的聯繫，也因此與西歐日耳曼諸國和拜占庭帝國擁有了共同的文化基礎。有學者甚至認為，在某種意義下，回教也可以說是繼承了希臘、羅馬帝國。

這是回教在歐洲史裡的重要意義之一。

其次，回教也是文化的傳遞者。在回教積極擴展的一百年間（從西元六三二～七三二年，也就是從西元七世紀上半葉到西元八世紀上半葉），阿拉伯語文和宗教就這樣隨著回教大軍，傳到每一個被他們征服的地區，西自西班牙半島，東至波斯。

想想看，在一千多年以前交通工具還那麼有限的情況之下，回教不僅掌握了從敘利亞到西班牙的水路，也牢牢控制著從波斯到敘利亞，以及連接中國、印度和波斯的中亞細亞的陸路，著實很不簡單。在西元十五世紀末，**繞道好望角的新航線**被發現以前，回教可以說連結了歐、亞、非三大洲的文化。

也就是說，從西元八世紀一直到十五世紀末之間這七百多年當中，因為回教橫跨歐、亞、非三個大陸，才使得這三大洲具有某種文化和商業上的統一。比方說，中國與印度都和波斯產生過接觸，波斯後來被阿拉伯征服，因此中國、印度就與阿拉伯建立了聯繫；而中國、印度之所以會和拜占庭帝國的一些行省有所來往，也是由於這些行省後來都被回教所征服。

基於回教在傳遞文化上有著如此重要的地位，這是我們不能不重視回教在歐洲史裡重要意義的原因之二。

最後，也許你會問，當年日耳曼蠻族在進入羅馬帝國之後大多都被同化了，然後日耳曼人，以及後來的斯拉夫人、保加利亞人、北蠻等等，都成為歐洲的一分子，那為什麼阿拉伯人在進入昔日的羅馬帝國以後，即使在文化上有所學習，

繞道好望角的新航線——好望角的新航線最早是由一位葡萄牙的航海家巴爾托洛梅烏．迪亞士（西元一四五一～一五〇〇年）所發現的，他於西元一四八七年率領船隊航行至非洲大陸最南端，發現了好望角，為日後葡萄牙開闢通往印度的新航線打下了基礎。

卻始終沒有被同化，而且還始終與歐洲站在對立面呢？答案是：因為阿拉伯人有他們自己的宗教。

甚至阿拉伯人之所以會一直這麼積極的攻城掠地，有很大一部分也是基於宗教因素，因為在阿拉伯人看來，政治統治和宗教歸化根本就是一回事。

2 穆罕默德創立回教

穆罕默德對整個世界歷史的影響之大，恐怕超乎很多人的想像。儘管現在全世界信奉基督教的人比信奉回教的要多出很多，但是不少後世學者都認為穆罕默德的影響力超過了耶穌，原因是耶穌只是奠定了基督教的道德規範，後來將耶穌的教義發揚光大、並且使基督教成為世界性宗教之一的是聖保羅（詳見卷三《上古史II》）；可是穆罕默德的角色卻多了很多，對回教的作用非常大，他不僅創立了回教，被奉為「伊斯蘭先知」，也是回教教義和穆斯林道德規範的奠基人，以及《古蘭經》（也有的譯本稱做《可蘭經》）的作者，同時，穆罕默德最特別之處就是，他不僅是一位宗教人物，還是一位政治領袖，帶領信徒統一了阿拉伯半島，開創阿拉伯帝國。

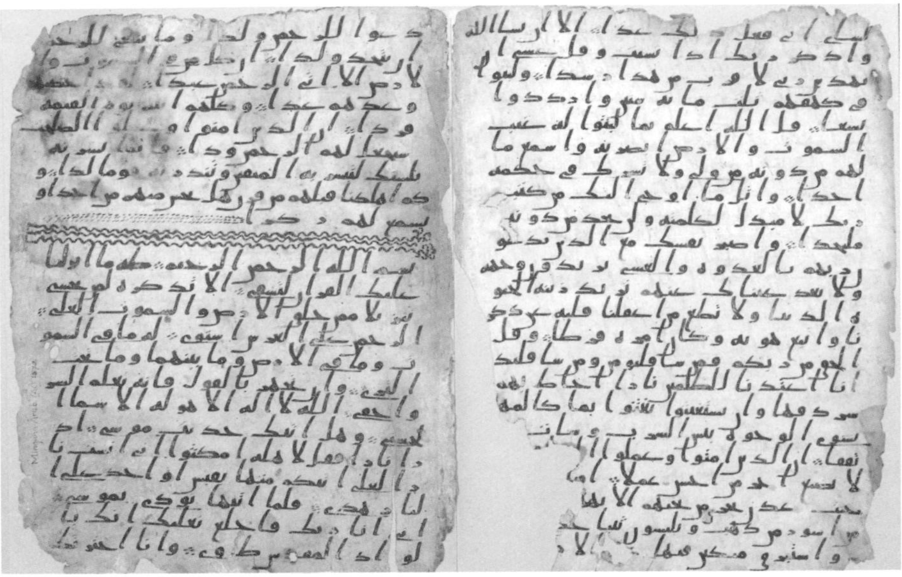

伯明罕《古蘭經》手稿，藏於英國伯明罕大學，是現存最古老的《古蘭經》。

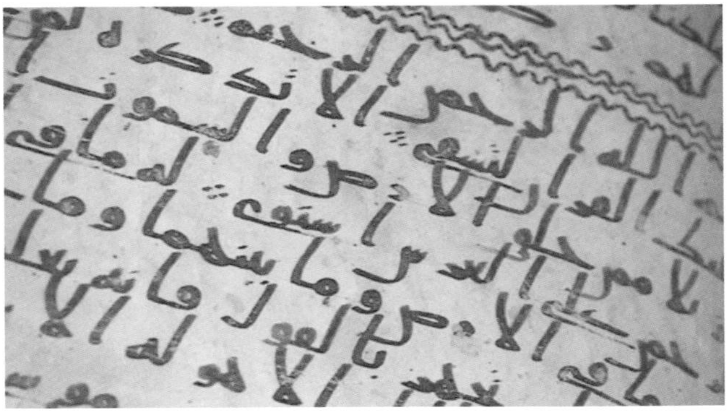

伯明罕《古蘭經》手稿細節特寫。

像穆罕默德這樣在宗教與世俗社會都取得巨大成功的人，到目前為止可以說絕無僅有。如今穆罕默德過世都將近一千四百年了，但他對全世界的影響力依然十分深遠。

穆罕默德的生平

穆罕默德出生在阿拉伯半島南部的麥加，當時這裡是一個相當落後的地區。據說他的祖上還不錯，是麥加望族，曾經掌管過當地一些行政和祭祀的工作，只是從曾祖父以後家境就開始衰落。

穆罕默德的成長過程頗為坎坷。他是一個遺腹子，父親在他出生之前就死了，六歲那年母親也不幸病故，他就此成了一個孤兒，由祖父負責撫養，可是在他八歲的時候，祖父又過世了，他就轉為被伯父收養。伯父家境貧寒、子女眾多，穆罕默德沒有受教育的機會，只得小小年紀就去替人放牧。據說他是一個文盲。

十二歲以後，穆罕默德就跟隨伯父參加商旅到敘利亞、巴勒斯坦等地經商，接觸到基督教和猶太教。二十歲時，他參加了一場阿拉伯半島部落之間的戰爭，從實戰經驗中學習到豐富的軍事知識。

穆罕默德為人實誠，又非常能幹，人人都喜歡他、欣賞他，只要是認識他的人都樂於與他來往。二十幾歲的時候，他受伯父的囑託，受僱於麥加當地一個中年富孀赫蒂徹，為她經辦商務，並帶領商隊去敘利亞一帶經商。

在西元五九五年前後，也就是在穆罕默德二十五歲左右，他與比自己年長十五歲的赫蒂徹結婚。這應該是穆罕默德一生重要的轉折點，因為接下去的十幾年，穆罕默德過著富商似的生活，不必再為物質問題傷腦筋，他也才有餘力來思考更多關於精神層面的問題。

婚後，穆罕默德經常到麥加郊區一個山洞裡去祈禱和靜思，他會思考宗教問題，從猶太教和基督教的教義中，他領悟到只有一個全能的神在主宰著世界；他也會思考社會問題，希望為阿拉伯民族找到一個理想的出路。

據說大約在他四十歲這年（西元六一〇年），在一次祈禱中，穆罕默德從天使加百利這兒獲得神命，接受了神意，使他確信真主阿拉選擇自己做為使者，要自己在世間傳教。

這個事記載在《古蘭經》裡，從這一年開始，一直到西元六三二年穆罕默德辭世為止，在超過二十二年的時間裡，他不斷向門徒口述《古蘭經》的內容。穆斯林都相信，這些內容是在世界還沒有被創造出來之前就已存在於天國，然後經由穆罕默德受到天使加百利的啟示，才得以傳到世間。

成文的《古蘭經》是在穆罕默德逝世後不久才編定，一共三十卷、一百一十四章，全書超過三十五萬字，充滿著勸人為善的箴言，自編集以來一直是穆斯林有關信仰和道德等等至高的權威。《古蘭經》之於穆斯林，就像《聖經》之於基督徒，太重要了。

《古蘭經》的教義非常質樸，簡單來說，阿拉是世界的主宰（一神論可說是回教的基石），而穆罕默德是祂的先知，其他先知還有亞當、諾亞、摩西、耶穌等人，他們都從真主那獲得一部分真理的啟示，但最後的啟示則是給了穆罕默德。

大體而言，穆罕默德的思想大多來自基督教和猶太教，以及阿拉伯人的傳統習慣，這幾種成分相互揉合的結果，就是一種新的宗教「回教」的創立，既適合阿拉伯人，也同樣適合其他的民族。

穆罕默德的傳教之路

在接受神意後的最初三年，穆罕默德只在親友之間傳教，三年後才開始公開傳教。漸漸的，他有了一些信徒，但與此同時，也被麥加的部落貴族視為是一種威脅，這些部落貴族多方迫害回教徒，西元六二二年，五十二歲的穆罕默德帶著門徒被迫出走到麥加以北兩百公里的**麥地那**。這是回教史上一件劃時代的大事，被稱做「黑蚩喇」，意思就是「出亡」，後來回曆就是以這個事件做為紀元之始。

過去十幾年，穆罕默德在麥加的信徒並不算多，可是到了麥地那之後，回教的力量得到迅速的發展，而且「黑蚩喇」之後，回教在本質上也發生了顯著的變化，成了一個鬥志昂揚的宗教，穆罕默德就這樣身兼政治和軍事的首領。

出於經濟需要，穆罕默德開始率眾劫奪通過麥地那附近、要前往麥加的商隊，引起了與麥加連年的征戰。穆罕默德的勢力不斷擴張，終於在西元六三〇年、「黑蚩喇」八年後，穆罕默德兵臨麥加城，麥加貴族無奈之餘只得被迫接受回教，並且承認穆罕默德的權威。

征服麥加之後，麥地那雖然一時仍為回教的政治首都，但麥加從此被立為回教的宗教聖地。

其實，在穆罕默德之前，麥加早已是阿拉伯人的宗教勝地，穆罕默德只是更加強化；在很早以前，阿拉伯人屬於多神教，崇拜自然現象，就跟《舊約》時代的希伯來人差不多，直到猶太教和基督教商人把他們的宗教知識傳入之後，在阿

麥地那——「麥地那」是在西元六二二年、回曆紀元元年才改過來的名字，意思是「先知之城」；之前這裡叫做「雅托利」，位於現在的沙烏地阿拉伯王國境內，西部塞拉特山區中一個開闊的平地上，與麥加、耶路撒冷一起被稱為「伊斯蘭教三大聖地」。

拉伯就慢慢形成一種一神信仰的傾向，然後共同崇拜若干所神廟，其中最神聖的一所就在麥加，被稱做「天房」，每年當部落戰爭停止，或是宗教季節，都會有很多阿拉伯人從各地聚集到麥加，朝參天房。

穆罕默德在將麥加立為宗教聖地之後，順勢將此轉化為凝聚回教徒的方式：穆罕默德要求信徒，如果個人條件許可，每人一生必須至麥加朝聖一次。

值得一提的是，最初回教徒祈禱時是面向猶太教和基督教的聖地耶路撒冷，後來穆罕默德才改為要求信徒「每日祈禱五次，並且在祈禱時要伏地面向麥加」，由此也足見穆罕默德創立回教，其中有著宗教文化交流的成分。

現在，穆罕默德既然控制了阿拉伯人傳統的聖城（麥加）和聖堂（天房），以及管理至麥加朝聖者的權利，自然就會有更多的信徒來歸，於是，經由武力征服、或者信徒自由的改變信仰，在穆罕默德去世的前兩年，大批民眾加入回教，至西元六三二年穆罕默德去世的時候，整個阿拉伯半島已經大體統一。

3 阿拉伯帝國的擴展：阿拉伯的擴展

整個阿拉伯帝國的擴展可以分為兩個階段，我們將分為兩小節來說。這一小節講述的是第一個階段：「阿拉伯的擴展」，時間是西元六三二至六六一年，前後二十九年。

◆——繼承人問題引發的派系分裂

從西元六二二年帶著門徒出亡到麥地那開始算起，穆罕默德的統治一共十年，然後在攻克麥加兩年後就忽然過世了，享年六十二歲左右。

由於穆罕默德在生前沒有制定繼承制度，他的猝死立刻就使這個新興的回教國家陷入群龍無首的狀態，甚至一度面臨解體的危機，不僅那些原來歸附的遊牧民族部落又紛紛叛去，麥加和麥地那兩城更是都積極爭奪領導權，互不相讓。

後來，在互相妥協的情況下，穆罕默德的岳父阿布．貝克（西元五七三～六三四年）受命為「哈里發」，意思是「先知的繼承者」，這個稱號從此就為歷代繼位者一直沿用下去，成為阿拉伯帝國政教合一的君主的尊號。

為了避免日後大家再為繼承人問題發生爭執，阿布．貝克及早就指定奧瑪（西元五九一～六四四年）為繼承人。身為穆罕默德親密戰友的奧瑪，比穆罕默德要小二十歲左右，是最早一批遷居麥地那的移民者之一，阿布．貝克擔任哈里發之後，在處理叛教戰爭時，他也是阿布・貝克主要的顧問。

阿布・貝克在位僅僅兩年就過世了，時年四十三歲的奧瑪繼位。奧瑪在位的十年，是阿拉伯帝國擴展最重要的時期。

奧瑪也想在生前就把日後的繼承人問題處理好，可惜事與願違；奧瑪制定了一個「選舉院」來解決繼承人問題，可是在他過世以後，出現了兩個敵對派的候選人，分別為穆罕默德的女婿阿里（約西元五九八～六六一年）和穆罕默德的門徒奧斯曼（西元五七四～六五六年），後來雖然是奧斯曼獲勝，為第三任哈里發，但阿里這一邊不服，繼續反抗，結果不僅造成了短期的內戰，甚至還造成後來**回教永久的分裂**。

奧斯曼代表的是麥加新皈依的回教徒的勢力，最支持他的是奧米雅家族，後來這一派被稱做「傳統派」。他們一方面堅持哈里發這個職位應該是選任而不是世襲，另一方面也認為穆罕默德所獲得的上帝啟示並沒有全部記載在《古蘭經》裡，所以在《古蘭經》之外還有傳統可資遵循。

阿里所代表的則是麥地那的勢力，主要成員都是穆罕默德的家族

回教永久的分裂——到今天，我們經常聽到回教有兩大派別：什葉派和遜尼派。前者與阿里派相同，只承認阿里及其後裔為合法繼承人。阿里不僅是穆罕默德的女婿，更是《古蘭經》注釋、伊斯蘭法學及宗教思想上的權威人士，極受敬重。而穆斯林大多都屬後者的遜尼派，信徒占全世界穆斯林的百分之八十五以上。

繪於 19 世紀的阿里畫像。

穆罕默德曾對信徒們公開發表認同阿里的言論，但遜尼、什葉兩派對此有不同的解讀。

和最早的弟子，他們堅持哈里發這個職位應該保留在穆罕默德的家族當中，不應受外人的操縱，同時他們也不承認在《古蘭經》之外還有任何其他的傳統。緊接著，他們甚至否認之前幾任哈里發，只承認阿里為第一任哈里發，因此後來又有「阿里派」之稱，或稱之為「麥地那派」。

奧斯曼就在這樣的暗潮洶湧中上任。十二年後，奧斯曼被阿里派暗殺，阿里隨即在麥地那被擁為哈里發，但遭到敘利亞總督穆阿威雅（西元六〇六～六八〇年）的反對。穆阿威雅是奧斯曼的族人，兩人同屬伍麥葉家族，是麥加首要家族之一。

正當這兩派劍拔弩張的對峙時，又引發另外一派信徒的不滿。這一派信徒反對專制的哈里發，主張「民主政體」的哈里發。西元六六一年，阿里遭這一派中的激進分子暗殺，穆阿威雅遂自立為哈里發。

十九年後，在穆阿威雅離開人世之前，他設法讓宗教領袖們接受讓自己的兒子為繼任的哈里發，破壞了過去哈里發的選舉制度，因此後世均稱穆阿威雅開啟了阿拉伯帝國的伍麥葉王朝（西元六六一～七五〇年）。

穆阿威雅把阿拉伯帝國的京都遷至大馬士革（今敘利亞首都），這是很有道理的做法；不僅因為他的勢力根據地在敘利亞，而且大馬士革位置適中，可以遠離穆罕默德家族的勢力，無論是對於當時回教內部政治的鞏固或者是要向外發展，都比較有利。

從此，大馬士革不僅是回教的政治中心，也是回教文化的中心。

◆——阿拉伯帝國第一個階段擴展

以上所講述的就是從西元六三二年穆罕默德過世開始，一直到西元六六一年穆阿威雅自立為哈里發為止，一共二十九年，屬於「阿拉伯的擴展」這個階段的歷史。

現在讓我們把時間往回調，回到穆罕默德過世的時候，從這個時候再開始講述在這個階段，阿拉伯帝國是如何擴展。

還記得我們在本章第一節提到過的那個最早來自阿拉伯半島北邊，性格彪悍、勇猛善戰的遊牧民族貝都因人嗎？他們一向愛好自由，當穆罕默德還在世的時候就不止一次的反叛，等到穆罕默德一死，他們更是立刻起而反抗，拒絕接受麥加和麥地那的統治。在穆罕默德死後，第一任哈里發阿布·貝克就藉著發動向外擴展的「聖戰」，一方面使貝都因人好戰的精神有所發洩，另一方面也達到促使阿拉伯內部統一的目的。

聖戰——和基督教一樣，回教很早就發展出「聖戰」（為擴展宗教而戰）的觀念，而早期的宗教狂熱，使這個觀念在中古時代成為回教徒生活的一部分，但這其實不能算是原始回教徒的責任，更不是出於穆罕默德的命令。

就這樣，阿拉伯人在民族精神和宗教熱忱的雙重動力之下，開始向外侵略。首當其衝的是敘利亞，西元六三五年，回軍征服大馬士革，穆阿威雅就是在戰後成為大馬士革的總督，於西元六四〇年又被任命為敘利亞的總督；西元六三八年，回軍攻破耶路撒冷，當時的哈里發奧瑪親自來受降，耶路撒冷就是從這個時候開始成為回教之第三「聖城」；西元六四〇年，回軍攻下巴勒斯坦最後的一座大城市，凱撒城；從西元六三九至六四二年為止，回軍遠征埃及，拿下了巴比倫、亞歷山大港等等地區。

在控制了巴勒斯坦和埃及以後，為了要對付拜占庭帝國，回軍開始建立海軍。西元六四九年，回軍艦隊出手不凡，占領了塞普勒斯，這是他們在地中海最早的戰果。過了幾年，回軍海軍又在西元六五二年與西元六五五年，先後擊敗拜占庭艦隊，獲得了東地中海的霸權。

此外，當回軍在進攻敘利亞和埃及的時候，另一支軍隊也東向侵入波斯。西元六四一年，波斯戰敗，回軍繼續東進，沿著海岸線於西元六四三年抵達印度邊境。從西元六四九至六五二年，回軍又征服了中波斯、胡拉善和亞美尼亞。

這就是我們在第一章第三節中提到過，在波斯戰爭結束之後沒有幾年，另一個東方帝國（阿拉伯帝國）興起，後來既消滅了波斯，也削弱了拜占庭帝國的事。

阿拉伯人第一階段的擴展至此告一個段落。

短短二十年，阿拉伯人從沙漠半島征服了波斯、敘利亞、巴勒斯坦和埃及，阿拉伯帝國東起印度邊境、西至突尼斯、北以裏海、南以印度洋為界，疆域之大，著實驚人。

4 阿拉伯帝國的擴展：回教的擴展

西元六六一年，穆阿威雅自立為哈里發之後，哈里發這個職位從此就成為世襲，歷時近九十年（西元六六一～七五〇年），也就是從西元七世紀中葉至八世紀中葉，至伍麥葉王朝結束為止，史稱「奧米雅哈里發」時代。

從文化演變的角度來看，「奧米雅哈里發」時代是一個具有決定性的時期，回教在此時期吸收了希臘、羅馬、拜占庭以及其他東方文化，創造出一個新的伊斯蘭文化。同時，我們在上一節中所講述的「阿里派」和「傳統派」的對立，也是在這個時期成為一個可以說是永久性的現象，至今已經持續超過了一千多年。

阿拉伯帝國第二個階段擴展

在軍事上，「奧米雅哈里發」這個時期也繼續之前的擴展政策，造成阿拉伯帝國第二個階段的擴展。只不過這一個階段的擴展動力是回教信仰，參與者也以非阿拉伯人為主，過半都是在阿拉伯帝國之內的許多其他民族，與前面第一時期所表現出來的濃厚的阿拉伯民族主義，有著明顯的不同，所以在歷史上把這個階段稱為「回教的擴展」。許多不同的民族在此時期一起打著回教的旗幟，以武力迫使更多的民族皈依阿拉。

此時的回軍勢不可擋，向東達中亞細亞，巴赫（在今阿富汗之北）等城市先後陷落；繼而他們再推向印度，占據了南旁遮普等等區域；接著又向西沿著非洲海岸推進，迦太基、阿爾及利亞、摩洛哥等先後也都被回軍拿下。

到了西元八世紀上半葉，整個西班牙半島，除了西北部山區的加里西亞之外，其他地區都陷入回教徒之手。而在征服了西班牙之後，阿拉伯帝國下一個目標就是想要征服法蘭克王國。

於是，回軍越過庇里牛斯山，進入高盧，占領了不少城市，幾乎可以說是所向披靡。僅有的一次失敗，是在西元七二一年圍攻土魯斯（今法國西南部的大城

普瓦捷——普瓦捷（也譯做「波瓦提厄」）是現在法國西部城市，維埃恩省的省會，為法國西部重要的政治、經濟、文化和交通中心之一。

宮相——「宮相」是西元七世紀至八世紀間法蘭克王國的官職，本意是宮廷總管，後來慢慢演變成王國內的實權所有者。

市，上加倫省的省會）失利，久攻不下。

十一年後（西元七三二年），回軍又轉向北進，十月初在普瓦捷與法蘭克王國的軍隊遭遇，當時負責統領法蘭克王國軍隊的是宮相查理．馬特（Charles Martel，西元六八八～七四一年）。時年四十四歲的馬特其實是當時法蘭克王國的實際掌權者，面對來勢洶洶的回軍，馬特臨危不亂，在排兵布陣上展現了高超的軍事才能。他讓重裝步兵在兩條河流的交叉底部背水列陣，這一招非常聰明，使得正面進攻的阿拉伯騎兵措手不及，頓時就陷入了包圍，結果全軍潰敗，就連主帥都因此陣亡。

在這場「普瓦捷戰役」後，馬特就贏得了「鐵鎚查理」的英名，這應該是由於他的姓氏「Martel」本身就有「戰鎚」的意思（就好比把「里蒙（Lemon）先生」稱做「檸檬先生」，因為「Lemon」一詞若單獨來看本來就是檸檬的意思，這都是屬於一語雙關式的效果，「馬特」和「里蒙」都是採音譯）。

16 世紀畫家繪製的鐵鎚查理頭像。

普瓦捷戰役中，「鐵鎚查理」（騎馬者）迎戰回軍，最終獲得勝利。

關於對「普瓦捷戰役」的評價，後世學者的看法不一：有的學者認為這是一場改變歐洲命運的決定性戰役，但也有學者認為這場戰役除了說明回軍當時受阻於普瓦捷之外，並沒有其他太大的意義，因為回軍的征伐本來就沒有什麼太強的計畫性，而且即使是在這場戰役落敗，回軍在西班牙和高盧南部的勢力也沒有因此而減弱，同時，「鐵鎚查理」亦沒有要將回軍逐退的進一步行動。

因拜占庭而止步的擴張之路

在阿拉伯帝國這個階段的擴展中，最大的敵人還是拜占庭帝國。

自從阿拉伯帝國海軍征服了敘利亞和亞美尼亞之後，就已控制了地中海東部，並直接威脅到拜占庭帝國的海外商業活動，雙方的正面衝突遂無可避免。

拜占庭帝國和阿拉伯帝國在小亞細亞不斷發生戰爭，互有勝負，以至於邊境地區經常易手，不過最重要的戰爭還是兩次君士坦丁堡的包圍戰。

第一次發生在西元七世紀下半葉（西元六六九～六八〇年），持續了十一年。最後雙方簽訂和約，戰爭暫時告一段落。

第二次發生在西元八世紀初（西元七一六年八月～七一七年九月），大約一年。最初情勢對拜占庭很不利，君士坦丁堡岌岌可危，就在這時，李奧三世（西元六八五～七四一年）即位，拜占庭總算迎來了轉機。李奧三世這年三十二歲（他是在西元七一七年三月即位的），上任之後一方面立刻整頓軍紀、提振士氣，另一方面又利誘回軍中的基督徒做為內應，最後在裡應外合的情況下，終於力挽狂瀾，守住了君士坦丁堡，也守住了拜占庭帝國，使國祚因此又多延續了七百多年。

還記得我們在上一章第三節曾經說過，細觀拜占庭帝國的歷史就會發現，每當國家出現重大的危機時，總有剛毅能幹的皇帝能夠帶領人民度過難關嗎？李奧三世就是這樣的一位皇帝。

李奧三世在位二十四年，享年五十六歲。他年紀輕輕在隆隆炮火中即位，就帶領軍民成功保衛君士坦丁堡的故事，可歌可泣，給後來的作家留下了珍貴的素材。

從西元八世紀初以後，回軍與拜占庭帝國雖然還是不斷發生戰事，但都算是一些小摩擦，而在西元八世紀中葉以後，阿拉伯帝國的向外擴展也終於告一個段落。

5 回教薩拉森文明

歐洲文獻均將阿拉伯帝國稱為「薩拉森帝國」。

關於「薩拉森」這個詞的來源是這樣的：敘利亞和阿拉伯兩地之間是一片廣大的沙漠，早期生活在這裡的遊牧民族被希臘人和羅馬人稱為「薩拉森」，後來後世也會用這個詞來稱呼一般的回教徒，俾能與純粹的阿拉伯人有所區隔。

要介紹回教薩拉森文明，首先就得先稍微講述一下繼伍麥葉王朝之後的**阿拔斯王朝**，因為薩拉森文明就是興盛於阿拔斯王朝初年，然後持續了數百年，一直到西元十三世紀中葉蒙古人西侵才遭到摧殘。

阿拔斯王朝——阿拔斯王朝就是中國古代史籍（譬如《舊唐書．西域傳》）中所稱的「黑衣大食」。

◆── 阿拔斯王朝

西元八世紀初，哈里發瓦利德（西元六六八～七一五年）在位的十年，是伍麥葉王朝的極盛時期（西元七〇五～七一五年），不僅在西方攻城掠地，在東方也不斷擴張，一直進逼至印度的印度河流域與中亞的中國邊境。

瓦利德死後過了三十幾年，西元七五〇年，伍麥葉王朝被顛覆，阿拔斯王朝取而代之。

伍麥葉王朝為什麼會壽終正寢？簡單來講，是由於在伍麥葉王朝近九十年的統治中，回教世界產生了微妙的變化，但當局對這些變化的反應不夠靈敏，沒能及時體察，或者即使有所體察也沒能及時採取應變措施，以至於事態不斷擴大，終於不可收拾。

一般來說，阿拉伯人對於被征服的民族是採取寬容的政策，猶太人和基督徒除了必須繳納一種特別稅，來表示他們屬民的身分之外，可以自由保有他們原有的宗教和生活習慣，只有那些不相信唯一上帝的人民，譬如波斯人，才會被迫接受回教信仰。

隨著阿拉伯帝國的不斷擴張，歸化的人數愈來愈多（有些人為了想要省下特別稅，乾脆主動歸化）。在西元七世紀末，當帝國內的民族多數都成為回教徒以後，由於擁有共同的信仰，征服者與被征服者、阿拉伯人與非阿拉伯人之間，區別就愈來愈小，可是伍麥葉王朝哈里發的施政卻還是一如既往，只注重阿拉伯人的利益，而沒有就整個回教世界的利益來考量種種施政，這當然就引起很多人的不滿，並且這些反對勢力還紛紛轉而依附阿拔斯家族的領導。

阿拔斯家族是穆罕默德叔父的後裔，由於與穆罕默德有著家族關係，在虔誠的回教徒中有很大的號召力量。於是，以波斯為中心，叛亂迭起，最終阿拔斯家族繼承了哈里發的位置，同時，隨著波斯代敘

阿拉伯帝國第23代哈里發，哈倫·拉希德。

哈倫·拉希德接見查理曼大帝派遣來的團隊。

利亞成為阿拉伯帝國的中心，位於底格里斯河河畔的巴格達也取代了大馬士革，成為帝國的國都。

阿拔斯王朝延續了五百零八年（西元七五〇～一二五八年），在統治期間，回教世界可說達到了極盛，疆域西起摩洛哥、東接印度、北抵高加索、南至撒哈拉沙漠，面積超過一千萬平方公里，是當時世界上領土最遼闊的國家。

到了王朝後期，僅僅剩下兩河流域到印度邊境的中西亞地區，與鼎盛時期相較，還不足三分之一。

哈倫．拉希德（約西元七六四～八〇九年）在位二十三年（西元七八六～八〇九年），是阿拔斯王朝聲威最盛的時期，阿拉伯帝國經濟繁榮、文化發達，首都巴格達不僅是從中亞一直遠至大西洋濱的帝國中心，也是世界上最富庶的都會之一。

提到哈倫．拉希德的名字，世人多半都是從《一千零一夜》認識這位可說是阿拔斯王朝最著名的哈里發，因為裡頭有不少關於他的軼事。

哈倫．拉希德過世之後，他有一個兒子馬蒙（西元七八六～

《一千零一夜》——《一千零一夜》，又名《天方夜譚》，是著名的阿拉伯民間故事集，規模宏大、結構別緻、情節豐富，又充滿了瑰麗的想像力，大約在西元八、九世紀之交（差不多正是哈倫．拉希德在位期間）就出現了手抄本，廣為流傳，但直到西元十五世紀末、十六世紀初才基本定型。西元十一世紀末十字軍東征以後傳到了歐洲，引起了一股廣泛的東方熱。一直到現在，〈阿拉丁和神燈〉、〈阿里巴巴和四十大盜〉、〈辛巴達航海記〉、〈漁夫與魔鬼〉等等，都還是廣為世界各地讀者所耳熟能詳的故事。

八三三年），在位二十年期間（西元八一三～八三三年），曾經延續了他的輝煌統治。

馬蒙是一個學者型的哈里發，有人形容他對知識的渴求已經到了狂熱的地步。他派遣學者來往於拜占庭、波斯、印度等地，到處搜羅典籍，尤其是命學者把許多希臘典籍都用阿拉伯語譯出來，使得許多湮沒已久珍貴的古希臘典籍又得以復活。後來這些典籍又傳回歐洲，成為文藝復興運動一大知識源泉。因此，馬蒙在位時期，不僅阿拔斯王朝以及整個阿拉伯伊斯蘭文化進入了鼎盛時期，連帶也對世界文明做出了很大的貢獻。

馬蒙之後，哈里發的權力中衰，帝國也開始慢慢解體，最後在西元十三世紀中葉（西元一二五八年）亡於蒙古。在這以後，阿拔斯王朝雖然曾經在埃及重建，直到西元十六世紀初（西元一五一七年）隨著鄂圖曼突厥人征服埃及才算是最後絕祀，但在這段不算短的時間之內，哈里發實際上已名存實亡，沒有任何權力可言。

《一千零一夜》是一部內容多元的阿拉伯民間故事集。此為 14 世紀的手抄稿。

薩拉森文明：科學、文學、學術與法律

回教薩拉森文明不僅是人類所曾產生過的重要文明體系之一，對於歐洲中世紀文明更是有著明顯的助益，舉凡歐洲中世紀的思想、學術、文學等等，都曾經從薩拉森文明吸取過營養，因為如前所述，阿拉伯帝國對於猶太人和基督徒是採取寬容政策，只要求他們守法納稅，所以為數眾多的猶太人和基督徒都生活在回教世界中，富有而興旺，基督教人民與回教人民的接觸也日益廣泛和頻繁。

現在我們就科學、文學、學術與法律，這四方面簡單介紹。

● 科學

經由翻譯古希臘典籍，薩拉森學者繼承了很多珍貴的文化遺產（特別是醫學），再注入自己的觀察和實驗所得。這使薩拉森學者表現出高度的好奇心與敏銳的觀察力。

在化學方面，雖然他們醉心於煉金術，顯示出帶著濃厚的迷信色彩，可也因此累積了大量關於合成與分離化學物質的經驗。而後人對於「阿拉伯數字」，以及諸如代數等其他不少屬於數理科學方面的基

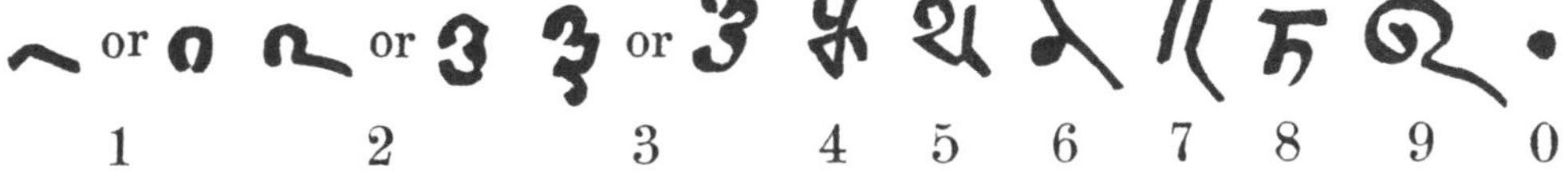

阿拉伯數字其實是源自印度。這是出自印度巴赫沙利手稿的數字，被視為「現存最古老的印度數學」。

本知識，也都是受惠於薩拉森學者，因為這些知識都是他們從印度那兒學習而來。

文學

在薩拉森文明興盛時期，無論是韻文的抒情詩、寓言和小說，都很發達。薩拉森作家都是用阿拉伯語寫作，這使得阿拉伯語從一種原始的口語，迅速發展成一種既生動又複雜多變的文學語言。

在中世紀前半，薩拉森文學的地位曾經長久高出於同時期的歐洲文學，對於西方，乃至於世界文學的影響都是相當深遠的。

學術

西元十二世紀開始，古希臘著名思想家亞里斯多德開始為西方學者所熟悉，可當時西方學者所閱讀的其實都是從阿拉伯語所轉譯過來的版本。

不止是亞里斯多德，幾乎所有希臘哲學家的著作，還有以印度梵語、波斯語和敘利亞語寫作的學術性著作，都被翻譯成阿拉伯語，由此可見，薩拉森學者對於學術有著非常卓越的貢獻。

當然，正如神學在基督教世界的學術領域擁有特別的地位一樣，在回教世界中，神學的研究也十分重要，而且自然不能免於受到回教傳統以及正統教義的約束，但即使是這樣，薩拉森學者對神學的研究也還是形成了很多不同風格的學派，相當難得。

法律

此外，回教法律固然是以《古蘭經》為基礎，但隨著阿拉伯帝國的擴張，生活在回教世界裡的民族愈來愈多，早期為阿拉伯人制定的法律自然就逐漸不敷使用，因此他們就從各個征服地原本施行的法律中來旁徵博引，並研究古代的法律體系，來完善他們自己的法律。

6 中國的造紙術、指南針和火藥傳入歐洲

關於薩拉森文明的興盛，我們不能忽略的是，這是以繁榮的商業活動，來做為堅實的基礎才能有的結果。

回教世界的對外貿易相當發達，尤其是與東方的貿易，非常活絡。薩拉森商船或從巴格達沿著底格里斯河南下出波斯灣，或從一些紅海港口（譬如亞丁）出發，然後與印度洋沿岸各地、南洋，以至中國，進行貿易。

沙漠商旅（這是回教商業活動的特色）則是長途跋涉，北向進入俄羅斯、西南向進入非洲、東向經中亞細亞至中國和印度，與四方頻繁往來的做生意。

而回教世界與基督教歐洲之間的商業往來，最初還算有限，可是在進入西元十一世紀以後就迅速發展，主要是以義大利的城市做為轉運地。

可以確定的是，薩拉森商人曾經是世界上業務最繁忙的商人，同時也是西方和遠東文化的重要媒介，這種情形持續了幾世紀之久。

雖然中國在唐宋兩代，海船也曾遠航至印度洋與波斯等地，但薩拉森人來到中國的顯然更多。舉一個例子，在西元九世紀末、唐朝末年黃巢之亂的時候，當廣州城在西元八七九年陷落時，城裡被殺的回教徒、猶太教徒、基督徒的人數，多達十二至二十萬，相當可觀。

經由薩拉森人之手，東方的香料、珍寶和各種精美的工藝製品，都陸陸續續輸入了歐洲。而在中國，不僅回教隨著薩拉森人傳入中國，中國的重要發明包括造紙術、指南針和火藥，也都因此傳入歐洲。

關於造紙術和指南針，我們在卷二和卷三中已經介紹過，現在我們要來介紹一下火藥。

來自東方的發明：火藥

在全世界學術界一般公認歐洲的火藥技術，是由阿拉伯人所傳播過去的，而火藥又是中國所發明的，時間大約是在西元七世紀。

不過，與其說是「發明」，不如說是機緣巧合、屬於一種無意之間的「發現」；因為火藥這種東西並不是被刻意製造出來，而是中國術士在煉製不老仙丹的時候所意外得到的，真可說是「有心栽花花不開，無心插柳柳成蔭」，結果不老仙丹沒煉成，反而做出了火藥。

西方直到西元十三世紀才有關於火藥的紀錄，在中國的時間則早得多，至少要早八、九百年，最早見於東晉**葛洪**在《抱朴子》中出現了關於「硝石」的記載，這是製造火藥的重要原料之一。

到了西元六、七世紀，唐初醫學家**孫思邈**在《丹經內伏硫磺法》中明確記載，將硝石、硫磺和炭化皂角子（「皂角子」是一種藥物）混合以後，用火點燃，就能猛烈燃燒。

西元八世紀，中國的煉丹家們清楚記載以硝石、硫磺和木炭為主要原料的「伏火硫磺法」；西元九世紀初，唐朝煉丹家記載了「伏火

葛洪——葛洪（西元二八四～三六四年），為東晉道教學者，也是著名的煉丹家和醫藥學家。字稚川，自號抱朴子，丹陽郡句容（今江蘇句容縣）人。曾經做過官，後隱居羅浮山煉丹。

孫思邈——孫思邈（西元五四一～約六八二年），京兆華原（今陝西省銅川市耀州區）人，唐代的醫藥學家和道士，被後人尊為「藥王」。

孫思邈畫像。為中國史上著名的醫師、藥物學者及道士。

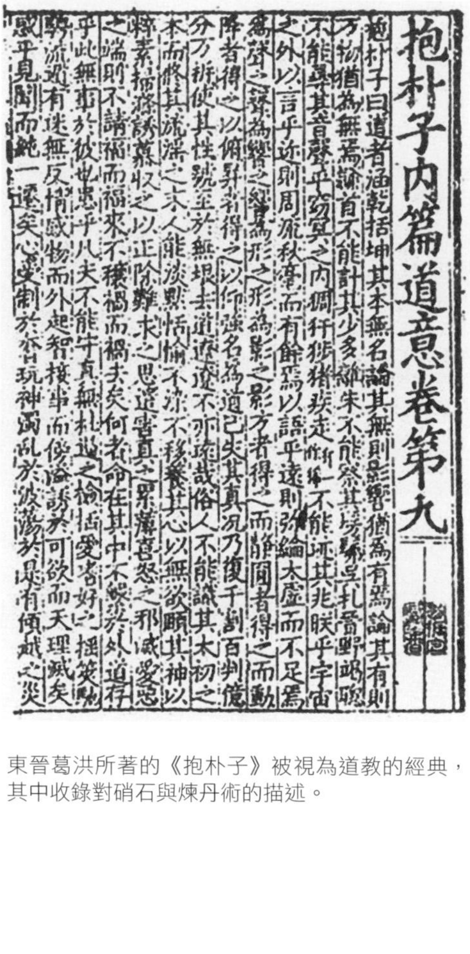

抱朴子內篇道意卷第九

抱朴子曰道者涵乾括坤其本無名論其無則影響猶為有焉論其有則萬物猶為無焉隸首不能計其多少離朱不能察其髣髴吳札晉野竭聰不能尋其音聲乎窈冥之內犲狄孫錄疾走不能跡其兆朕乎宇宙之外以言乎邇則周流秋毫而有餘焉以語乎遠則彌綸太虛而不足焉為聲之聲為響之響為形之形為影之影方者得之而靜圓者得之而動降者得之以俯昇者得之以仰強名為道已失其真況乃復千割百判億分萬析使其姓號至於無垠去道遼遠不亦謬哉俗人不能識其太初之本而修其流淫之末人能淡默恬愉不染不移養其心以無欲頤其神以粹素掃滌誘慕收之以正除難求之思遣害真之累薄喜怒之邪滅愛惡之端則不請福而福來不禳禍而禍去矣何者命在其中不係於外道存乎此無俟於彼也患乎凡夫不能守真無杜遏之檢括愛習者好之搖奪馳流遁有迷無反情感物而外起智接事而傍溢誘於可欲而天理滅矣惑乎見聞而純一遷矣心受制於奢玩神困亂於波蕩於是有傾越之災

東晉葛洪所著的《抱朴子》被視為道教的經典，其中收錄對硝石與煉丹術的描述。

礬法」，這比之前的「伏火硫磺法」又前進了一大步：「伏火硫磺法」的硝石硫磺混合物，因為沒有碳素，所以燃燒過程容易被融化的硫磺中斷，為了補救，只得放進皂角子，使燃燒能夠繼續進行；但「伏火礬法」則將硝石、硫磺以及含碳的馬兜鈴（是一種植物）一起混合，成為原始的火藥。

總之，到了西元九世紀晚唐時期，煉丹書籍中就已經有了火藥的配方。

至於火藥在中國最早被使用於軍事上的記載，則是在西元十世紀初（西元九〇四年），**楊行密**軍在圍攻豫章（今江西南昌）時，從此，火藥成了一種極具殺傷力的武器。

楊行密——楊行密（西元八五二～九〇五年），原名行愍，字化源，廬州合肥（今安徽合肥長豐）人，是五代十國時期吳國的奠基人，史稱「南吳太祖」。

第三章　法蘭克王國的興亡

讓我們將目光再轉至西方，回到西羅馬帝國衰落之後的歐洲。到西元五世紀末，羅馬帝國政府在西部已經傾覆，取而代之的是許多獨立的、由日耳曼蠻族所建立的王國，而在這麼多入侵羅馬帝國的蠻族中，法蘭克人是最重要的一支。

法蘭克人在西歐建立了法蘭克王國，主要是兩個王朝，分別為梅羅文加王朝（也就是墨洛溫王朝，西元四八一～七五一年）和加洛林王朝（西元七五一～八四三年），前者兩百七十年，後者九十二年。

加洛林王朝的時間雖然不算很長，還不到一個世紀，可是在歷史上相當重要。在西元八世紀中葉，混亂已久的西方先後出現了兩股安撫的力量，一個就是加洛林王朝，另一個則是教宗國，這兩股力量相互合作，因而又產生一個新的政治觀念，亦即「基督教共和國」的觀念。

就這樣，古羅馬傳統、日耳曼民族和天主教會，構成中世紀西方文明的三個主要的文化要素。

不過，介於羅馬教會和法蘭克人之間，倫巴底人（也屬於日耳曼民族）曾對兩者的發展都產生了不可小覷的影響。倫巴底人亦是當年入侵舊羅馬帝國疆域的日耳曼民族之一。

在講述加洛林王朝之前，我們當然還是要先了解一下持續近三個世紀的梅羅文加王朝。

1 梅羅文加王朝

法蘭克人是日耳曼民族中一支相當強大的部落，在西元五世紀初，法蘭克人已經進入萊茵河下游。後來克洛維一世在西元四八六年率部眾打敗了羅馬帝國在高盧的最後一任總督，進而獨占了整個北高盧，建立了法蘭克王國，這就是梅羅文加王朝（Merovingian Dynasty），定都巴黎。

除了盎格魯-薩克遜人之外，法蘭克人是唯一建立了能夠維持長久王國的日耳曼民族。

「梅羅文加」（或稱「墨洛溫」）都是英文「Merovingian」的音譯，源於中世紀拉丁語，意思是「梅羅文加（或墨洛溫）的兒子」，據說克洛維一世的祖父、從前法蘭克人的酋長就叫做「Merovingian」。

克洛維一世建國以後，繼續在高盧征伐經營，到西元六世紀中葉，除了地中海沿岸一條狹小的地帶仍屬於西哥德人的領土之外，高盧全境已經盡為法蘭克人所有，疆域相當於當代大部分的法國與德國西部。

西元五一一年，克洛維一世過世以後，按日耳曼人的習慣，克洛維一世所建立的王國有如是他的一宗私產，理所當然由他的四個兒子瓜分，即使四個兒子中

克洛維一世，法蘭克王國的奠基者。

有三個在當時都還是不滿十七歲的少年。有學者認為，正是這種「家天下」的觀念，使得梅羅文加王朝在克洛維一世之後就長期處於一種鬆散的狀態，以至於政權逐漸落入「宮相」之手。

法蘭克王國的第二建立者：丕平二世

所謂「宮相」，我們在上一章第四節中曾經約略提到過，這個詞、這個職位的本意是宮廷總管，可是由於政治上長時期的紊亂，再加上國君一個個都無所作為，這些宮相便從「管家」逐漸控制了王國的經濟，進而成為國家的實際統治者，無論內政或外交，都是由宮相來主持。

西元六世紀下半葉，法蘭克王國在經過無數次的內鬥之後，分解成三個各具特色的王國，分別是紐斯特利亞（或稱西法蘭克王國）、奧斯特拉西亞（或稱東法蘭克王國）以及勃艮第王國。接下來，在西元七世紀上半葉法蘭克王國雖然有過短暫的統一，可後來又告分崩離析，梅羅文加王朝在很長一段時間之內都可說是苟延殘喘。

直到西元七世紀下半葉，在建國者克洛維一世辭世超過一個半世紀以後，西元六八七年，東法蘭克王國的宮相丕平二世（西元六三五～七一四年）終於大敗西法蘭克王國和勃艮第王國的軍隊，使整個法蘭克王國再度統一，國王也不得不承認丕平二世是全國唯一的宮相。

這一年，丕平二世五十二歲。他相當長壽，接下去掌理國政二十七年，至七十九歲辭世。在他掌權期間，既壓制暴亂的貴族，又平服了邊境形同獨立的公國，慢慢重建了朝廷的權力。在歷史上，丕平二世被稱為是繼克洛維一世之後「法蘭克王國的第二建立者」。

版畫中的丕平二世（右），與東法蘭克王國沒有實權、年幼的國王克洛維三世（左）。

鐵鎚查理

丕平二世死後，宮相這個職位由他的私生子查理．馬特繼承，就是我們在上一章第四節中提到過那位大敗回軍的「鐵鎚查理」。

查理．馬特繼承父親宮相這個職位的時候才二十六歲，一開始也遭遇各方貴族的反抗，於是他東征西討，陸續降服了所有重要的反對勢力。而在討平國內反對勢力的過程中，遇到了向北擴張的回教軍隊，這才有了西元七三二年那場著名的「普瓦捷戰役」，使回軍戰後退據高盧南部。

為了減輕來自回軍的壓力，查理．馬特和義大利北部倫巴底人締結盟約，希望達到東西夾擊回軍的效果，但是這項盟約卻直接威脅到羅馬教宗的安全，一度引起了很大的不安。

原來，自西元六世紀倫巴底人入侵義大利半島以後，東邊的拜占庭帝國鞭長莫及，對教宗和義大利人民無力保護，所以原本無論是教宗或是義大利人民都對法蘭克王國寄予厚望，希望能夠從法蘭克王國這兒尋求保護，萬萬沒有想到法蘭克王國竟然會與威脅到他們生存的倫巴底人結盟。

不過，後來事實證明這個結盟只是暫時性的，並沒有留下太多的影響，因為

倫巴底王國——倫巴底人起源於斯堪地那維亞（今瑞典南部）。經過大約四個世紀的遷徙，最後到達並且占據了亞平寧半島（今義大利半島）的北部，在西元六世紀下半葉至八世紀下半葉（西元五六八～七七四年）在義大利擁有一個王國，那就是倫巴底王國。

日後到了查理．馬特的後代，法蘭克王國又和教宗締結新約，目的是要聯手對付倫巴底人，最終果然造成**倫巴底王國**的滅亡。

查理．馬特另外一項政策，影響就很深遠了。

法蘭克王國的軍隊原本是以步兵為主，為了對付回軍的騎兵，必須將原本有限的騎兵加以擴展和強化，這就需要龐大的開支，遠非政府財力所能負擔。於是，查理．馬特沒收了高盧教會的地產，以這些土地來酬庸戰士，這自然引起教士強烈的不滿，同時，土地占有和軍事服役從此產生了密切的關係，使得歐洲政治更進一步走上了封建制度。

「鐵鎚查理」掌權二十七年，西元七四一年過世，享年五十三歲。在他過世之後，宮相這個職位由他的兩個兒子共同繼承，長子卡羅曼統治紐斯特利亞，二十七歲的次子**丕平三世**（也有人稱「矮子丕平」，西元七一四～七六八年）則統治奧斯特拉西亞，眼看似乎又要爆發內戰，然而六年之後因為卡羅曼入修道院，丕平三世遂獨居宮相一職。

丕平三世是一位相當能幹且勤政的統治者，建樹頗多。在武功方

丕平三世——「丕平」是法蘭克王室一個慣用的名字，在丕平三世之前就有好幾位丕平，所以總要設法區分。譬如我們在前面介紹過的丕平二世（Pepin of Herstal），直譯是「赫斯塔的丕平」，赫斯塔（Herstal）是他的出生地。而丕平三世（Pepin the Short），一般習慣稱之為「矮子丕平」，但有學者指出這其實是一種錯譯，因為丕平三世雖然不算很高，但也不能算是很矮，「Short」在法蘭克語中的原意，應該是「小」而不是「矮」，所以「Pepin the Short」應該是「小丕平」、「青年丕平」的意思。

丕平三世，有另一稱呼為「矮子丕平」，但很有可能是錯譯。

面，他平息了東部貴族的反叛，擊敗強悍的薩克遜人，又馴服了企圖獨立的**亞奎丹**；在與教會的關係方面，他也一反過去父親的政策，而是讓教會保持土地的所有權，騎士則是有享用土地之權，還和當時著名的主教通力合作，推行教會革新和在東部的傳教工作。

簡單來講，丕平三世把教會變成一個協助自己施政的有力工具，更重要的是，他和教宗聯盟，共同對付倫巴底人。

在掌權十年之後，身為宮相的丕平三世爭取到了教宗的支持，乾脆取代了法蘭克國王，自立為王，開啟了加洛林王朝。

梅羅文加王朝的社會環境

梅羅文加王朝維持了近三個世紀，時間實在不算短，關於這段時期的社會與政治，我們還是要重點式的來認識一下。

國家為私有財產

首先，法蘭克人從未產生或接受過類似羅馬帝國元首政治的理論，法蘭克國王完全本於日耳曼人繼承私產的習慣，而把國家視為自己的私產，即使後來宮相

亞奎丹——在羅馬帝國時代，亞奎丹是高盧的行省，後來效忠於法蘭克王國。由於位於西南方的亞奎丹羅馬化的程度比較深，在法蘭克王國時期始終是一個獨立的公國，與北部的法蘭克文化也格格不入，因此漸漸就有了獨立的想法。

成為實際掌權的人，也是以國王的名義來行使絕對的權力。

因此，國王的財產與國家財政也沒什麼區別，國王用來管理王家庫藏的臣僕，同時也負責管理國家財政。除了宮廷總管「宮相」後來成了王國實際的統治者，其他還有不少類似的例子，譬如「司馬」本來是負責管理御廄馬匹，後來成了騎兵統帥；「廷尉」本來是國王的法律顧問，後來成了王家法庭的首長；國王的「傳旨官」，後來負責執掌國家的詔令文書等等。

● 行政組織

梅羅文加王朝的行政組織是在因應不同情況的需要之下慢慢成形的，不像羅馬帝國的行政組織是一個非常龐大的官僚機構。至於地方行政區域，大體上在高盧仍然按照舊羅馬的市邑來劃分，而在日耳曼本土則按照各個部落所占的地方來劃分。

在每一個行政區域，國王會任命一個「伯」，來負責全權總攬行政和司法；另在王國的若干部分，尤其是在沿邊地區，會將若干個「伯」合在一起，讓他們共同受一個「公」來統轄。但無論是「公」還是「伯」，王家都不會支給俸祿，他們的收益都來自自己采邑中的訴訟罰鍰和其他規費，還有就是直接向人民索取。因此，「公」和「伯」通常都非常專制，不僅普遍都會暴虐人民，還會不時就出現抗拒王命的行為。

混合羅馬與日耳曼兩種傳統

此外，在中世紀歐洲文明裡，羅馬和日耳曼兩種成分逐漸混合的這種情況，大部分都是在法蘭克人的統治之下所完成的，尤其是法蘭克王國的法律，最能看出這樣的變化，一開始還是羅馬和日耳曼兩種傳統並行，到最後兩者就趨於混合。隨著時間一天一天的過去，羅馬人與日耳曼人之間的區別愈來愈不那麼明顯以後，法律系統中原有的分歧也就漸漸消弭，於是，一種新法律就這麼自然而然的成形了。

2 教宗國

去過義大利首都羅馬的人，就算沒進入過梵蒂岡城國（簡稱「梵蒂岡」），也一定經過、在外頭看過梵蒂岡，因為梵蒂岡就在羅馬西北角高地，是一個內陸城邦國家，是世界上領土最小、人口最少的國家，國土面積只有〇．四四平方公里，公民只有五百多人，大部分都是神職人員。由於四面都與義大利接壤，所以又被稱為「國中國」。

梵蒂岡成立於西元二十世紀上半葉，前身可追溯到古老的教宗國。教宗國則是南歐一個已經不存在的國家，建立於西元八世紀中葉，位於義大利半島（又名「亞平寧半島」）的中部，以羅馬為中心，是教宗統治的世俗領地。

在一千兩百多年以前，教宗國是怎麼誕生的呢？還是先從歷史背景開始說起吧。

教宗國的誕生

我們在卷三已經提過，進入西元五世紀以後，羅馬帝國西部因頻頻遭到蠻族入侵，局勢日趨惡化，各地的行政組織都面臨解體，在這樣的非常時期，各地的主教就自然而然比過去要承擔更多的社會責任，包括救濟貧苦、撫慰百姓、監督教育、審理法律案件、主持興修公共建築等等，這樣的情況一直延續到了法蘭克王國時期。

由於承擔了許多實際上世俗的工作，在梅羅文加王朝時，主教同時也是國家最重要的行政官吏，主教的教區通常都和「伯」所統領的地區相同，而在這一塊地區當中，主教的政治權力往往都與「伯」不分軒輊。

主教大多都是出身貴族，以高盧羅馬人最多，都曾受過良好的教育，他們一方面肩負世俗種種行政職責，另一方面也努力保護人民，使人民不受「伯」以及其他王家官吏的苛擾。雖然由於當局經常干涉教會的選舉，導致一些不理想的人也有機會當選為主教，加劇了教會的俗世傾向，但是在時間近三百年的梅羅文加王朝裡，大體而言，主教的品性、能力和學養還是遠比王國一般官吏和貴族優秀，同時也是王國最堅強的道德力量。

而其中，羅馬教宗又特別重要。西元六世紀倫巴底人進入義大利，拜占庭帝國對此無能為力，因此當時舉凡領導民眾以武力抗拒蠻族，或是以外交方式與蠻族締結和約，都是由羅馬教宗獨當一面處理的，無形之中，羅馬教宗就漸漸成為舉足輕重的政治領袖。

另一方面，自從西元四世紀初，君士坦丁大帝給予基督教合法的地位以後，教會來自皇家和貴族的捐贈就愈來愈多，君士坦丁大帝本人就曾將**拉特朗宮**贈給教會，這是教會最早收到的一筆重大捐贈。

除了房產之外，羅馬教會在義大利中部、西西里、北非、高盧等地，還擁有廣大的土地。因為這些財產都是歷代教徒捐獻給羅馬教會或是聖彼得的，所以一

拉特朗宮——拉特朗宮原為古羅馬宮殿，今屬於梵蒂岡。最早是屬於羅馬帝國的拉特蘭努斯家族，在西元一世紀，族人被尼祿皇帝處死以後，尼祿皇帝就將這裡改為宮殿，直到西元四世紀以後，被君士坦丁大帝捐贈給教會。現在世人看到的宮殿是在西元十六至十八世紀所重建而成的。

直有「聖彼得的財產」之稱。

在一個以農業為主的時代，土地是非常重要的政治權力的資本，這為日後教宗國的建立提供了重要的物質基礎。

羅馬教宗與拜占庭帝國的分裂

不過，此時由於在名義上拜占庭帝國的皇帝還是義大利的統治者，羅馬教宗遂還是用東方皇帝的名號來計算年代，相較於羅馬教宗實際所握有的權力來看，顯然是名實不符。

到了西元八世紀上半葉，羅馬教宗開始採取行動。西元七二七年，教宗格列哥里二世（西元六六九～七三一年）致書拜占庭皇帝李奧三世（西元六八五～七四一年），正式表達了想要脫離拜占庭帝國而獨立的意思。

格列哥里二世過去是擁護拜占庭帝國的，直到李奧三世

位於義大利的拉特朗宮，自從捐獻給教會後，千年來皆是教宗的主要駐地。

格列里哥二世。於李奧三世開始「聖像破壞運動」後，正式宣布希望與拜占庭帝國脫離。

下令銷毀聖像，格列哥里二世表示強烈的反對，為此據說還險遭李奧三世謀害。後來格列哥里二世終生都反對破壞聖像，還命令停止支付過去繳納給拜占庭國庫的款項。

從時間上來看，應該是在「**聖像破壞運動**」展開之後的第二年，格列哥里二世就想要脫離拜占庭帝國了，但教宗國正式成立還要再等上將近三十年，是在另外一位教宗史蒂芬二世的手上所完成。

不平的贈獻

教宗格列哥里二世於西元七三一年過世，繼教宗之位的是格列哥里三世。七年後倫巴底人攻陷位於義大利北部的波隆納，翌年格列哥里三世就致書法蘭克王國的宮相「鐵鎚查理」，要求法蘭克王國協助抗擊倫巴底人。然而萬萬沒有想到，此時「鐵鎚查理」正與倫巴底人結盟，要一致抵禦高盧南部的回教勢力，因此拒絕了教宗的請求（這個事我們在上一節中提到過）。

格列里哥二世死後，由格列里哥三世繼位教宗。

聖像破壞運動——「聖像破壞運動」發生在西元八世紀上半葉至九世紀中葉（西元七二六～八四三年）。西元七二六年，從拜占庭帝國皇帝李奧三世頒布了禁止偶像崇拜的法令開始，「聖像破壞運動」持續逾一個世紀。

表面上看，這項運動好像只是破壞偶像主義的興起，但深層目的，其實是要打擊在東西教會分裂之前，羅馬教會與希臘教會在境內的發展。同時，拜占庭也有很多貴族一直垂涎教會的土地，想要藉機沒收教會的財產。

之後倫巴底人在義大利就益發變本加厲，眼看愈來愈多的城市陷落，眼看倫巴底人距離羅馬愈來愈近，教宗的壓力當然也愈來愈大。

西元七五三年，倫巴底人揚言要直攻羅馬，情勢非常危急，繼教宗位才短短三年的史蒂芬二世，遂趕緊向新法蘭克王丕平三世求救。這回情況不一樣了，丕平三世同意了教宗的請求。因為丕平三世在兩年前才剛剛取代了法蘭克王國國王的位子，開啟了加洛林王朝，當時正是獲得教宗史蒂芬二世的支持，因此現在面對教宗的要求，自然不便拒絕。

於是，就在這年冬天，史蒂芬二世親赴法蘭西王國與丕平三世會晤，加強了法蘭克王國與羅馬教廷的關係。

一年多後，西元七五五年三月，丕平三世率大軍進入義大利，不久倫巴底國王投降，允諾會歸還之前所有強占教會的土地。不料就在丕平三世班師回國之後不久，倫巴底國王竟不守信用，悍然揮兵直攻羅馬。翌年春天，丕平三世再度率軍南下，並且在攻陷倫巴底城以後，下令把所有降服城市的鑰匙通通都收集起來，再派專使送置於羅馬聖彼得的墓前，象徵自己將征服的土地贈獻給羅馬教會，史稱「丕平的贈獻」（也有人稱「丕平獻土」）。這些城市所占的範圍，北起波河

史蒂芬二世。在他的任內，教宗國正式成立。

下游流域，沿著亞得里亞海向南，橫越義大利中部，直達羅馬與地中海，形狀看起來像一個啞鈴。

到這個時候，教宗國就算是正式成立，羅馬教宗不僅是一位宗教領袖，也是一位名副其實的統治者，是真正的「教皇」了。

不過，由於羅馬教宗從此不可避免就頻頻被捲入義大利政治的漩渦，所以不少後世學者都認為教宗國的建立並不是什麼好事，還有的學者直言對教會來說，這是一件不幸的事。

君士坦丁的贈獻

從「丕平的贈獻」又牽扯出一個著名的歷史公案——「君士坦丁的贈獻」。這是怎麼回事呢？

相傳在西元七五三年那年冬天，當教宗史蒂芬二世親赴法蘭西王國去與丕平三世會面的時候，行囊中帶著一份祕密文件，這份文件是一份極其珍貴的歷史文獻，表明當年君士坦丁大帝已將西方各省讓予羅馬教宗。按這樣的解釋，後來在君士坦丁大帝遷都至東方的君士坦丁堡以後，羅馬教宗無異就成為西方的皇帝。

因此，教會並不認為丕平三世是「贈獻」，而應該是「歸還」，因為羅馬教宗在羅馬城以及在義大利中部所擁有的廣大土地，本來就是來自於至少四百年以前君士坦丁大帝的贈獻。

之前無論是從歷史、文化或物質等各方面來看，教宗國的成立固然都有其緣由，但這份「君士坦丁的贈獻」則成了證明教宗國合法性的依據，重要性不難想像。之後長達將近七百年，所有人對此文件的真實性都深信不疑，直到西元十五世紀中葉（西元一四四〇年），才有一位人文學者洛倫佐．瓦拉（西元一四〇五～一四七五年）首度提出質疑，認為這項文件是偽造的，緊接著還引起了一場筆墨官司。

隨著一些相關證據陸陸續續被挖掘出來，在進入西元十八世紀以後，已經沒有人會再相信「君士坦丁的贈獻」的真實性了。

就這樣，由於「不平的贈獻」，在義大利出現了一個受羅馬教宗所統治的獨立的主權國家。教宗國從建立以後，一直到西元一八七〇年被併於統一的義大利王國，歷時超過十一個世紀，對於教宗的地位、政策以及義大利政治，都影響至深。

3 查理曼大帝與《查理曼傳》

你一定玩過撲克牌吧？那你一定就「見過」查理曼大帝，因為紅桃老K就是按他的模樣畫的。

查理曼大帝（西元七四二～八一四年），也就是查理大帝，因為「曼」在法蘭克語中已經是「大帝」的意思，只是在中譯裡頭一般都還是習慣稱之為「查理曼大帝」。他是法蘭克國王，也是歐洲歷史上最重要的統治者之一。

他的父親和祖父都是不凡的人物：祖父就是在西元七三二年大敗回軍的「鐵鎚查理」；父親則是在西元七五一年結束了梅羅文加王朝、開啟加洛林王朝的丕平三世。

查理曼大帝。由文藝復興時期大師杜勒所繪。

身著法蘭克戰服的查理曼（左），亞瑟王（中），「布容的高佛瑞」（右）。

丕平三世在位十七年，於西元七六八年過世。在丕平三世過世以後，王國就由查理曼和他的弟弟加洛曼瓜分（還記得我們前面說過，法蘭克國王總是本著過去日耳曼民族的傳統觀念，把國家視為私產）。這年查理曼二十六歲。

不過，這樣分治的局面僅僅只維持了三年。西元七七一年，加洛曼突然死了，於是二十九歲的查理曼就成為王國唯一的統治者。此時法蘭克王國已經是西歐最強的國家。

查理曼大帝在位四十幾年，雖然祖父和父親為他打下了很好的基業，可他一生文治武功之盛、尤其是在武功方面的成就，還是使他無愧於「大帝」這樣的稱號。

我們就先來看看查理曼大帝的武功。

◆——倫巴底王國滅亡

首先要介紹的是征服倫巴底王國。丕平三世過世不久，倫巴底人就再度蠢蠢欲動，西元七七二年（也就是查理曼成為王國唯一統治者之後沒兩年），教宗哈德良一世見情勢危急，便像當年教宗史蒂芬二世向丕平三世求救一樣，也趕緊向查理曼求援。

面對教宗的請求，最初年輕的查理曼並不想像父親當年那樣慨然允諾，因為此時他正雄心勃勃的準備要去討伐薩克遜人，無暇兼顧義大利的戰爭，所以一開始他是想以和平的方式，來處理教宗與倫巴底國王的糾紛。可是在稍後得知倫巴底國王支持自己的兩個姪兒之後，認為如果放任不管，等到兩個姪兒羽翼豐滿，恐怕會對自己形成嚴重的威脅，於是就改變主意，即使討伐薩克遜的軍事行動已經有如「箭在弦上，不得不發」，但還是抽空派遣軍隊去援助教宗。

這裡有一點背景因素需要補充說明：由於在稍早之前法蘭克王國的太后主張要和倫巴底人結盟，因此一口氣為兒女安排了三樁政治婚姻，包括讓查理曼和弟弟加洛曼都迎娶倫巴底國王的女兒，還有就是把查理曼的妹妹也嫁入倫巴底王室。但是查理曼不到一年就離婚，而在弟弟過世後，他又做了一個「沒什麼人情味」的指示——讓弟妹帶著孩子回娘家。

這麼一來，倫巴底國王的兩個女兒，一個遭到遺棄、一個遭到欺凌，當然會讓做父親的感到非常不滿，因此也可以說查理曼與倫巴底王國的戰爭，除了表面上援助教宗，其實私底下也還是有些個人恩怨。

於是，西元七七三年，法蘭克王國的軍隊兵分兩路，一路由查理曼的叔父率領，取道聖伯納德山隘進入義大利，另一路由他親自率領，取道塞尼峰，然後兩軍會師於波河平原。

戰爭進行得很順利，翌年查理曼就滅掉了倫巴底王國，並自稱倫巴底國王。在戰爭即將結束前夕，查理曼就已經離開軍隊前往羅馬，教宗哈德良一世隆重相迎。查理曼除了確認父親「丕平的贈獻」內容無誤之外，甚至還加碼又多贈送了一些土地。

查理曼征服蠻族薩克遜人

解決了倫巴底王國之後，現在查理曼可以回頭來對付薩克遜人了。

在查理曼七十二年的人生當中，對歐洲文化影響最大的一件事就是對薩克遜人的征服，這同時也是查理曼一生持續最久的戰事。

其實從他的祖父「鐵鎚查理」的時代，法蘭克人就有併吞

A BATTLE BETWEEN FRANKS AND SAXONS

CHARLEMAGNE AT THE HEAD OF HIS ARMY. — Page 212.

查理曼多次親征薩克遜人。

薩克遜人的打算，到了他的父親丕平三世時，前後也曾經出兵十次討伐薩克遜，但是都沒有成功。在查理曼繼位的時候，介於萊茵河與易北河之間的薩克遜（今丹麥之南）還是一個獨立的、非基督教的、而且在法蘭克人看來是相當不友善的地區，西南邊與法蘭克和弗利西亞為鄰，東邊則是斯拉夫人和亞伐人。

要對付薩克遜，可比要解決倫巴底王國棘手得多了。查理曼從西元七七二年第一次對薩克遜發兵，到西元八〇四年最後一次對薩克遜採取軍事行動，前後長達三十二年，親征的次數也多達十八次，最後才終於征服了薩克遜這個強悍的民族，結束了這場曠日持久又無比血腥的戰爭。戰後法蘭克王國的疆域向東推進至易北河。

戰爭開始時查理曼剛剛三十歲，等到戰爭結束的時候他已經是一個六十二歲

查理曼征戰薩克遜人，擴張國土同時宣揚基督教。

的老人了。

對薩克遜的戰爭，除了開疆拓土，傳揚基督教信仰也是查理曼很重要的目的之一。事實上，宗教因素正是這場戰爭之所以會那麼血腥、充滿了殺戮的主要原因，因為查理曼會強迫所有薩克遜人都必須皈依基督教，那些拒絕受洗，或者接受過受洗但後來又背叛基督教的人，都會被一律處死。根據估計，薩克遜大約多達四分之一的人口都在這樣被強制改變信仰中丟了性命。

總之，後世學者在評價查理曼時，普遍都認為征服薩克遜是他一生最重要的成就；正是因為被查理曼征服，這個地方才被納入了歐洲文明的主流。

此外，基於拓展疆土以及傳播基督教信仰的雙重目的，查理曼還發起了其他許多戰爭，譬如對亞伐國（今匈牙利和奧地利）前後十七年的用兵（西元七八八～八〇五年），使得亞伐成為查理曼帝國最東的藩國。

而西元七七八年的西班牙戰爭則是查理曼一生少有的敗績。當時由於回教徒內部分裂，查理曼認為這是一個協助西班牙北部基督徒擺脫回教暴徒不斷劫掠的大好機會，於是發動了遠征，後來以雙方議和做為結束。不料在回程時，查理曼的後軍在隆西谷遭到襲擊，全軍覆沒，他的姪子羅蘭是當時的將領，也在此英勇殉職。法蘭西最早的民族史詩《羅蘭之歌》，描寫的就是這場戰爭。

《羅蘭之歌》——英雄史詩是法國最古老的文學，《羅蘭之歌》在吟遊詩人口中吟唱了很長時間，直到西元十一世紀才出現了最初的抄本。要特別強調的是，關於涉及回教與基督教之間的戰爭，向來都是雙方各有解讀，《羅蘭之歌》的內容自然是屬於基督教的詮釋。

15 世紀畫家對《羅蘭之歌》中的八個時期的描繪。

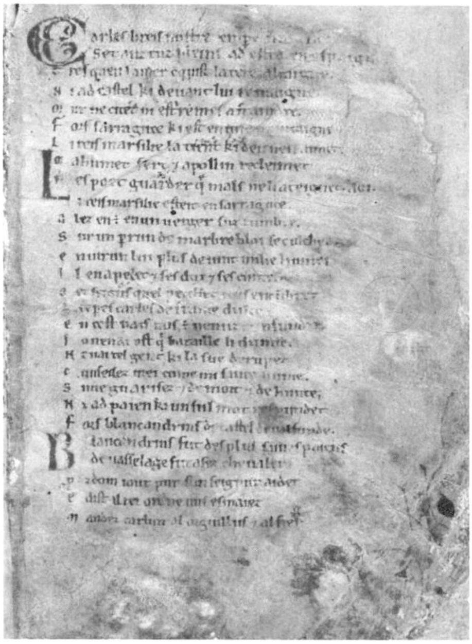

1098 年的《羅蘭之歌》抄本。

查理曼的一生：《查理曼傳》

講到查理曼，就一定要介紹一本相當重要的書：《查理曼傳》（或稱《查理曼大帝傳》），這是一本歷史著作，成書於西元九世紀上半葉，是法蘭克歷史學家艾因哈德（約西元七七〇～約八四〇年）的作品。

艾因哈德是查理曼的宮廷學者之一，在查理曼死後又繼續在他兒子的宮廷裡服務了十幾年，按他自己的形容就是「與查理曼及其子女的友情長達二十年」，晚年退隱於修道院。

儘管《查理曼傳》對於主人翁不免還是有些溢美之詞，對於一些歷史事件的描述也和史實有些出入，但極為難得的是，艾因哈德能夠掌握很多珍貴的第一手資料，在寫作態度上也還算是盡量的保持客觀，碰到有些他不了解的事，他會坦白承認，對於那些會影響王室形象的事，他也直言不諱，所以這本書有很高的歷史價值。

全書分三個部分：一，引言；二，查理曼在國內外的事業；三，查理曼的性格與私生活。後人閱讀《查理曼傳》，可以從方方面面來了解這位在中世紀西方歷史上極其重要的人物。

按艾因哈德的記述，查理曼身材魁梧，長鼻，臉頰紅潤，蓄著八字捲鬚；他的標準造型是頭戴王冠，身披法蘭克人的外衣，右手執劍，左手托著地球，象徵他是統治世界的帝王；雖然以亞琛做為加洛林王朝的京都（亞琛是查理曼的出生地，現德國境內），但是因為王國的疆域太大，查理曼的「朝廷」是流動的，如此他才能實際明瞭和掌握各地的情形；他喜歡狩獵和游泳，而最恨喝醉酒；他對飲食頗有節制，但是晚年偏愛肉食，顯然將醫生的勸告置之不理；他有魄力，幹勁十足、不怕辛勞，無論內政或外交，幾乎都是事必躬親；他很喜歡家庭生活，尤其疼愛女兒，弄得女兒們都沒法出嫁；他在私生活方面相當放縱，一生娶過五個女人，還有至少五個以上的侍妾，除了三個和正室所生的兒子，還有至少十個私生子女……

有人戲稱查理曼的一生似乎一直在忙著做兩件事，那就是結婚和打仗。

值得一提的是，查理曼也可說是一個好學不倦的人，可惜起步太晚，直到中年以後才開始對學習有興趣，再加上半生戎馬，所以成績有限。可是他竭力提倡教育和文藝，推動了「加洛林文藝復興」，對於古代文藝的保存和傳播有著不可忽視的貢獻，這一點還是非常值得讚許的。而《查理曼傳》的作者艾因哈德也是「加洛林文藝復興」裡頭的要角。

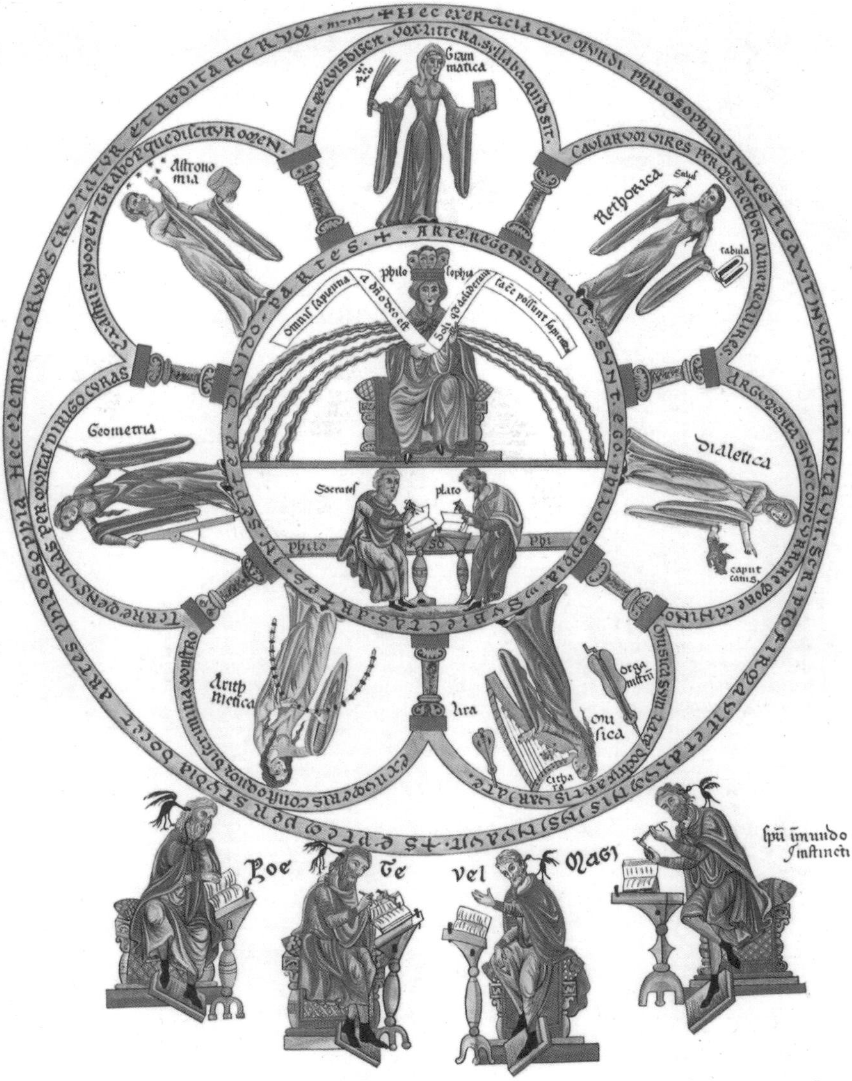

加洛林文藝復興推廣「七藝」：語法學、修辭學、邏輯學、算術、幾何學、音樂、天文學。

4 查理曼大帝加冕

經過近三十年的統治，到了西元八〇〇年、進入西元九世紀的時候，時年五十八歲的查理曼大帝已是西方最具分量的統治者，可以說統治著整個西方基督教世界（除了不列顛群島之外的基督教世界），包括今天法國的大部分，還有德國、瑞士、奧地利、荷蘭，以及義大利大部分地區。

這還是自西元五世紀下半葉羅馬帝國衰敗以後，第一次又出現了由一個國家來統治歐洲的局面，法蘭克王國儼然已成為法蘭克「帝國」。當時無論是就權威或是聲望來說，能夠和查理曼大帝相媲美的只有巴格達的回教哈里發，以及君士坦丁堡的拜占庭皇帝，而拜占庭由於接連發生宮廷政變，已經陷入一片混亂和爭戰的局面，說拜占庭皇帝與查理曼大帝相提並論，其實還有一點勉強。

聖誕節裡的查理曼加冕事件

在西元八〇〇年的聖誕節，發生一件相當戲劇化的事。這天，來到羅馬的查理曼赴聖彼得教堂參加聖誕彌撒，在儀式過後，當查理曼正跪在祭壇前方時，教

查理曼在羅馬受教宗利奧三世加冕為「羅馬人的皇帝」。

宗利奧三世忽然把一頂皇冠戴在查理曼的頭上，在場所有的人見狀，都立刻高呼查理曼為「皇帝」。

這就是「查理曼加冕事件」，意味著查理曼是羅馬帝國的皇帝！

在西元四七六年西羅馬帝國滅亡以後，羅馬實際上已經三百多年沒有皇帝了，雖然拜占庭帝國在名義上還是自稱羅馬帝國，但在眾人眼裡拜占庭早就不是從前那個羅馬帝國，更何況在西元八〇〇年這個時候，君士坦丁堡的皇位正被一位婦人艾琳所竊據，當時有一份文獻是這麼說的：

「在希臘人眼裡，皇位既已虛懸，而竊據皇權者又為一婦人。教宗利奧、所有參與會議的人士以及全體基督教民，一致公認法蘭克王查理既已統治歷代京畿羅馬、義大利諸城、高盧、日耳曼等地，理應被立為皇帝……」

另外一份文獻還記錄了教宗為查理曼加冕時的熱烈場面：

「全體羅馬信徒，見他是多麼愛護羅馬聖教會及其代表，便異口同聲：『有如出自天主和天國鑰匙保護者聖彼得的意旨，一起高呼——由天主加冕的奧古斯都查理，偉大而永賜和平的皇帝，萬歲！勝利！』」

不過，《查理曼傳》的作者艾因哈德，在記述這個重大事件時強調了一個重要的信息，那就是查理曼對於當天將會受到加冕一事，之前並不知情。

艾因哈德的描述是這樣的：

「他接受了皇帝和奧古斯都的尊位，雖然這整個事情他最初是竭力反對的，因為他曾聲明，如果早知道教宗的意思，那麼即使那天是重要的慶典，他也絕不會進入教堂。」

艾因哈德說，查理曼對於會被加冕為皇帝事先並不知情，甚至似乎有些不快，主要是基於兩個原因：一，據說當時查理曼其實正與竊據拜占庭帝國的那位艾琳討論婚姻的可能性，如果這樁政治婚姻付諸實施，查理曼就可以用夫君的身分，理所當然、名正言順的統一東西，可是突如其來的加冕一下子就讓這件婚事給破了局；二，教宗哈德良一世過世之後，繼位的這位利奧三世是一位有些爭議的人物，事實上在西元八〇〇年這年冬天，查理曼就是為了要弭平教會在那段時期的混亂才會來到羅馬，不料在十二月二十三日，利奧三世才剛剛在查理曼以及與會人士面前公開宣誓，聲明自己無罪（按照慣例，羅馬教宗不能接受任何人間權力的審判），結果兩天後利奧三世就為查理曼加冕為皇帝。

不過，後世也有不少學者認為，查理曼對於類似中國歷史上「**黃袍加身**」的戲碼，不可能毫不知情，應該是半推半就，至少他的很多宮廷學者

黃袍加身——「黃袍加身」發生在西元九六〇年，也就是「陳橋兵變」。後周掌握軍事大權的殿前都點檢趙匡胤（西元九二七～九七六年），受命率軍抵禦北漢及契丹聯軍，結果行軍至陳橋驛（今河南新鄉市封丘縣東南），眾人將一件象徵天子身分的黃袍披在趙匡胤的身上，擁立他做皇帝，趙匡胤隨即回京逼迫後周恭帝禪位，建立了宋朝。

早就聲稱，查理曼是恢復羅馬這偉大帝國的不二人選。

講到這裡，我們就必須來看看西元八〇〇年加冕事件後面的背景因素。

◆為何是「羅馬人的皇帝」？

西羅馬帝國雖然都已經滅亡超過三個世紀了，但羅馬帝國可說一直還是「陰魂不散」，這是中世紀西方有志之士的普遍追求。譬如我們在第一章中就提到過，比查理曼要早兩百多年的拜占庭帝國查士丁尼大帝，就曾誓言一定要恢復羅馬帝國過去的光輝，而查理曼打從統治法蘭克王國以後，就一直到處征戰，統一西歐，自然很容易讓人聯想到當年那個強大的羅馬帝國。

其次，羅馬教會的存在，也彷彿一直不斷在提醒大家，要時時緬懷羅馬帝國。這是因為即使在羅馬，教宗已經統治著一個精神上的帝國，可是很多人都相信，按照天主的計畫，國家還是需要一個世俗的權力、一個足以維持基督教世界安定的政治力量。

其實，早在西元五世紀末，教宗吉拉希斯一世就已經提出一條關於政教關係的路線，通稱「吉拉希斯說」或稱「雙權說」，這和「神權至上」、「政權至上」，同為中世紀有關政教關係的三大學說。吉拉希斯一世主張政教分權，互相合作，理論上固然無可爭議，可是因為總難以避免種種政治利益上的衝突，所以想要落實始終有很大的難度。然而，就在「吉拉希斯說」提出三百年左右，查理曼和教宗利奧三世終於實現了吉拉希斯教宗的理想，教會和帝國可以通力合作，完成「天主之城」的建設。

當然，在這樣的合作中，居於強勢的自然是查理曼。在加冕事件的五年前，利奧三世在繼位為教宗以後，就立刻致書查理曼，並寄贈聖彼得陵墓的鑰匙，表示自己對法蘭克國王的忠誠，而當查理曼隨即非常嚴肅的給予新任教宗一些規勸的時候，也有如是長官在訓誡部屬一般，但有鑒於無論是教廷或是利奧三世本人都需要一個強有力的保護者的現實，利奧三世也只得低聲下氣，乖乖聽訓。

復興璀璨的羅馬帝國盛世

在了解了以上這些背景因素以後，我們就會知道，以查理曼當時的威望，發生在西元八〇〇年的加冕事件，應該說是一件水到渠成的事。而這件大事所彰顯的意義亦非常明確：就像當年奧古斯都屋大維建立了羅馬帝國一樣，現在查理曼復興了滅亡已久的羅馬帝國，所以加冕當天才會稱查理曼為「奧古斯都查理」，意思是說查理曼成了凱撒、屋大維的合法繼承人，更重要的是，查理曼不僅復興了羅馬帝國，而且還是建立了一個以基督教為基礎的新帝國，後世稱之為「基督教共和國」。

由於查理曼居主導地位，因此他所實行的實際上是政教合權，這樣的做法在拜占庭也可見到，只是查理曼執行得更為徹底：查理曼對於推行基督教不遺餘力，實際上他是以教治國，一切施政均是本著基督教的原則。此外，自西元八〇〇年以後，教宗利奧三世在所有的教廷文件中，除了註明自己在位的年代，也會加註查理曼的在位年代；教宗國所鑄的錢幣，一面是教宗的名字，另一面就是查理曼的名字……站在利奧三世的角度，這些都是表示政教合作，可是在其他人看來，其實是羅馬教宗接受查理曼統治的象徵。

然而，查理曼帝國固然可視為過去羅

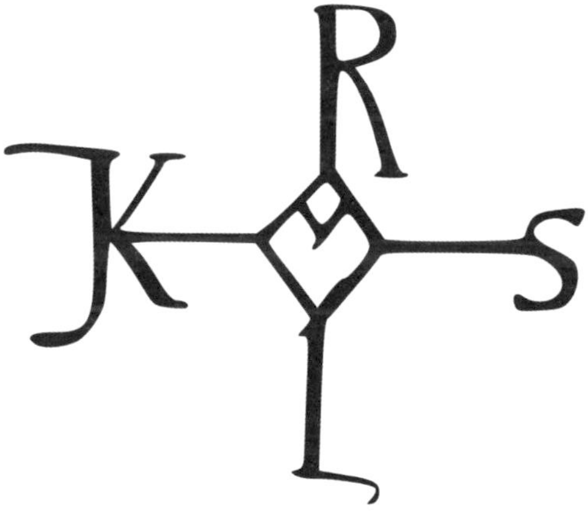

加洛林王朝最著名的統治者，查理曼大帝的署名標誌。

馬帝國光輝的延續，但畢竟不是羅馬帝國，有兩個重要的事實我們不能忽略：

● 查理曼不是羅馬人

雖然查理曼後來學會了拉丁語，但他的母語其實是一種古日耳曼方言。他一生大部分的時間都是住在歐洲北部，特別是住在今天的德國，對義大利只做過四次的訪問；而帝國的首都也是在亞琛，不在羅馬。

● 查理曼帝國與過去羅馬帝國所統治的範圍大不相同

兩個帝國先後統治過的相同的地區，包括比利時、法國、瑞士和義大利北部，不過，今天的德國是查理曼帝國疆域中很重要的部分，這個部分卻從未被羅馬人統治過；而今天的英國、西班牙、義大利南部和非洲北部，是羅馬帝國很重要的領土，卻也都不在查理曼的控制之下。若兩相比較，查理曼帝國的領土比羅馬帝國要小得多，即使是在鼎盛時期，也大約只有西羅馬帝國的一半大而已。

無論如何，在西元八〇〇年以後，西方就有了自己的帝國——查理曼帝國，而且在名義上也表示願意和東方的拜占庭帝國和平相處。拜占庭對此既然無力阻止，就只能默認，從此東西方就徹底分道揚鑣，再也沒有合併的可能了。

5 加洛林王朝的沒落

丕平三世在西元七五一年取代法蘭克國王，結束了梅羅文加王朝，開啟了加洛林王朝。他在位十七年過世，將王國傳給兩個兒子，接下來查理曼大帝在西元七七一年由於弟弟去世，成為法蘭克王國唯一的統治者。從這個時候算起，查理曼在位四十三年之後過世，由查理曼統治的這段期間是加洛林王朝的鼎盛時期，然而，還記得嗎？我們在本章一開始就說過，加洛林王朝只維持了九十二年，也就是說，在查理曼死後才短短二十九年，王朝就亡了。

這也是很多後世學者認為查理曼大帝雖然在世時功業彪炳，終究只在歷史上留下了短期影響的主因。

查理曼大帝一生大部分的時間都在征戰，統一西歐，建立了能夠讓人遙想到羅馬帝國榮光的查理曼帝國，為什麼在他死後這麼短的時間之內，他的帝國就分崩離析了呢？

◆ 失去權力的王國中心

分析起來，一般認為最重要的原因恰恰就是查理曼自己。因為整個帝國、整個加洛林王朝，可以說只是建立在查理曼一個人的身上。比方說，艾因哈德在《查理曼傳》裡形容查理曼非常勤政、事必躬親，表面上看這是讚美，其實也正顯示出王國缺乏一個成熟的行政制度。

加洛林王朝在行政制度上幾乎完全沿襲梅羅文加王朝的舊制，並沒有進行什麼特殊的改革，唯一的創新是「視察使」的設立，而即使是這樣的創新，後來也隨著查理曼的過世而大打折扣。

我們先來了解一下什麼叫做視察使。為了能夠更好的督導地方政府和了解民情，查理曼把全國分為若干「視察區」，然後每年派遣一個由兩、三人組成的視察團（其中至少有一位主教和一位貴族），到視察區去做為期數週的巡視。視察使的任務很多，包括要公布皇帝新令、考察各地行政人員是否稱職、推行國家和教會的種種革新、聽取人民訴訟及解決各種糾紛等等，所有調查結果都必須如實向查理曼報告，如果有重要訴訟再由查理曼親自來裁決。

鑒於視察使所肩負的責任很重，查理曼還特別在西元八〇二年頒布了《視察使法》，明令規定視察使必須「為人正直，不受威逼利誘，還要擁有豐富的行政經驗和法律常識」。

原則上，擔任視察使的人選可來自全國各地，但是由於疆土遼闊，當時的交通當然又遠遠不像現在這麼方便，再加上各地的民俗也不盡相同，因此，實際執行起來，視察使的人選就多半都還是屬於就地取材的性質，一來視察使不會在旅途花費太多的時間，二來對於要去考察的視察區，無論習俗或民情也不會太過隔閡。這樣的任命方式，當查理曼還在世的時候，還可以靠著他至高無上的權威來控制視察使的效能，可是等到查理曼一走，視察使制度很快就弊病叢生，最後根本就只是形式上的聊備一格。想想看，由於視察使多半都是屬於就地取材，視察使和所要視察的對象往往都早已相識，在缺乏一個有力約束的情況之下，官官相護的現象就很難避免了。

從視察使的制度也可看出，查理曼就是這樣靠著自己個人的才智和威望，在統治一個頗為散漫、缺乏制度的帝國，這麼一來，他的過世不啻就是動搖了帝國的根基，各地的郡守、主教、大地主等等都漸漸強占了很多政府的權利，而成為許多獨立的地方勢力，這就是我們在下一章要談到的封建制度。

也有學者指出，其實早在梅羅文加王朝時代就已呈現出種種將走向封建制度的跡象，只不過在查理曼四十幾年的統治下，暫時遏制了這種趨勢的發展，所以在他離世之後，隨著中央王權的日益衰微，相反的，地方權貴則日益強勢，終於導致封建制度的勃興。

◆——不斷分裂的世襲王國

加洛林王朝之所以會走向沒落的另一大因素，是長久以來國王總是把國家視為私產、因此總要分家的陋習。譬如之前丕平三世過世的時候，把王國分給查理曼和他的弟弟加洛曼，於是王國經過了三年分治的階段，直到加洛曼過世，查理曼才成為整個王國唯一的統治者。

西元八一四年，查理曼過世，享年七十二歲。在他過世八年前就已立下遺囑，在他死後要按日耳曼的傳統，將王國分給三個與正室所生的兒子，結果沒想到其中兩個兒子居然還走在他的前面，所以這份遺囑就失效了。查理曼在過世前一年將小兒子路易（西元七七八～八四〇年）提升為副皇帝，待查理曼一死，路易就繼承了皇位。這年路易三十六歲。

路易是一位虔誠的基督徒，因此有「虔誠的路易」之稱。他也有三個兒子，在他即位三年後就召集會議，公布分封法令。此時在三個兒子裡，只有長子成年（當時成年為十五足歲），路易遂立時年二十二歲的長子洛塞（西元七九五～八五五年）為皇帝，與自己同掌王國，將來自己死後就繼承皇位；立次子丕平得亞奎丹（其實在查理曼生前就已立孫子丕平為「亞奎丹王」），並約定等到丕平成年以後，還應得格斯肯尼、土魯斯區以及西北法蘭西某些郡區；再立三子路易二世（西元八〇六～八七六年）得巴伐利亞，後來路易二世又被稱為「日耳曼人路易」。

講到這裡，我們要回頭說一下在查理曼暮年，西元八一三年，提升小兒子路易為副皇帝時，由於沒有正式承認「義大利王」伯納德（路易的姪兒），儘管伯納德從自己父親手上繼承義大利王位已經三年了，但查理曼此舉還是引起伯納德的不滿與恐慌，後來就起兵反叛。路易親征，伯納德投降，被處以挖目之刑，五年後過世。

「虔誠的路易」繼位為法蘭克王國國王。

查理曼大帝加冕路易為副皇帝。

所以在路易公布分封時，為了避免像伯納德那樣的叛變事件再次發生，他乾脆將查理曼所有庶出的兒子通通都送進修道院，命他們今後不得再參與政治，同時立長子洛塞為義大利王。

不久，皇后過世，路易續娶，西元八二三年又生了一個兒子，命名為查理（西元八二三～八七七年）。由於也叫做查理，而且他是一個在歷史上比較有分量的人物，所以後世學者稱之為「禿頭查理」，好與他的爺爺查理曼大帝做區別。

「禿頭查理」一出生，這下路易就有四個出自正室的兒子，西元八一七年的那個分封法令自然受到極大的挑戰。

果然，在「禿頭查理」六歲那年（西元八二九年），路易宣布要將一些土地賜給這個小兒子。雖然在路易這項最新的分封計畫中，「禿頭查理」沒有國王的名位，所得封地也遠比三個同父異母的哥哥為小，可還是引起

「虔誠的路易」的繼后、「禿頭查理」之母，朱迪絲。

「虔誠的路易」的小兒子查理，俗稱為「禿頭查理」。

哥哥們的不快，以及對繼母的猜忌。

翌年春天，洛塞首先自義大利舉兵叛變，兩個弟弟立刻響應。叛軍不僅劫持了皇后，逼她進了修道院，還強迫父親接受他們的條件。

經過一番政治角力之後，做父親的路易漸居上風，在同年十月以及次年二月連續舉行兩次會議，下令迎回皇后，命洛塞回義大利，以後未得皇命不得擅自離開，並宣布洛塞黨羽均為叛賊。

在西元八三一年二月這次會議中，路易乾脆取消十四年前的分封，將國土重新處置，而且這回的分封剔除了洛塞，僅限於丕平、路易二世和「禿頭查理」這三個兒子來做分封。

可想而知，這次的分封還是令兒子們都很不滿，尤其是被排除在外的洛塞。於是，兩年多後，他們這三個同出一母的兄弟又聯合起來對父親施加壓力，並且還爭取到貴族和羅馬教宗的支持……就這樣，直到西元八四〇年秋天，當「虔誠的路易」過世的時候，加洛林王朝經過了二十多年的宮廷鬥爭和混戰，當年查理曼大帝一手建立起來的帝國，已深陷四分五裂的局面，不可收拾了。

「虔誠的路易」的次子丕平比父親還早死兩年，他的兒子（也叫丕平）的勢力相當龐大，得以抗衡大伯洛塞，爭奪亞奎丹。基於這樣的情勢，這個小丕平的三個伯伯和叔叔——洛塞、路易二世和「禿頭查理」，就於西元八四三年（也就是「虔誠的路易」死後三年），締結了著名的《凡爾登條約》，將國土分為東、西、中三個部分。

洛塞得中間部分，包括義大利、勃艮第、萊茵河、默茲河、隆河和須耳德河流域地區，擁有羅馬和亞琛兩個京都，稱「中法蘭克王國」（西元八四三～八五五年）；路易二世得東部，包括薩克森、巴伐利亞和萊茵河以東地區（北部弗利西亞除外），稱「東法蘭克王國」（西元八四三～九一一年）；「禿頭查理」得西部，包括舊紐斯特利亞和亞奎丹，自此稱「西法蘭克國」（西元八四三～九八七年）。

加洛林王朝至此已經名存實亡。

十二年後，隨著洛塞的過世，他的領土照例又被兒子們瓜分，「中法蘭克王國」在實質上宣告結束。之後過了十五年，西元八七〇年，東西兩個法蘭克王國正式簽訂《墨爾森條約》，瓜分了過去中法蘭克王國大部分的土地。

按《墨爾森條約》，給之前中法蘭克王國留下的那個部分，成了現代義大利的雛形，而東西兩個法蘭克王國則分別奠定了德意志和法蘭西這兩個國家的基礎。

不過，由於《墨爾森條約》把當年洛塞的封地大體分為兩半，也製造了日後德、法兩國之間的「亞爾薩斯-洛林」的問題。

6 維京蠻族入侵

加洛林王朝的沒落和當年羅馬帝國一樣，關鍵都是出在自身內在的弱點，而導致帝國崩潰的最後一根稻草，也都是來自北方未開化民族的入侵。

入侵加洛林王朝的蠻族，史稱「北人」或「北蠻」，在血統、語言和文化傳統等方面，與當年入侵羅馬帝國的日耳曼人為近親，同屬條頓族。北人來自斯堪地那維亞區域，包括丹麥、挪威和瑞典等地，由於之前與歐洲其他部分隔離，所以未曾受過拉丁文明和基督教的影響。

他們也被稱為「維京人」，意思就是「北歐海盜」，因為他們原來所居住的區域都有深長的峽灣，地理條件都不適宜農耕，自然而然都紛紛往海上尋求出路，逐漸成為高明的漁人和商人，以及出色的水手，甚至是彪悍的海盜。

總之，無論是「北人」或「維京人」，就跟「日耳曼人」一樣，都是指一個群體，是複數。

亞爾薩斯-洛林

「亞爾薩斯-洛林」是一個地區，包括今法國上、下萊茵和莫哲勒省，由於德、法兩國都是西歐大陸上實力最強大的國家，這個地區的歸屬一直是近現代國際關係中相當重要且相當棘手的問題。

超過一世紀的侵略

從西元八世紀末開始，維京人就四出劫掠，西元七八七年維京人襲擊英格蘭，是這群北蠻入侵最早的歷史記載。到了查理曼大帝晚年，北蠻開始擾亂法蘭克王國沿海地區，從此他們外出劫掠的人數愈來愈多，對當地造成的破壞程度也一年比一年嚴重。

與當年日耳曼人最初入侵羅馬帝國是出於匈人的壓迫不同，維京人之所以入侵加洛林王朝，非常明確就是出於經濟目的。若進一步細分，西航過蘇格蘭北方海面，進襲英格蘭和愛爾蘭沿海的維京人，是挪威人，他們之後更向西航，遠至冰島、格陵蘭和北美洲海岸；其次是南航過北海和英吉利海峽，進襲英格蘭和歐洲西部沿海的維京人，多數為丹麥人；還有瑞典人，是採東南向循著河道入俄羅斯，抵達黑海，最後遠至君士坦丁堡；此外，也有維京人是從西方入直布羅陀海峽，經地中海東航。

可以這麼說，自西元八世紀末以後，凡是有水道通達之處，幾乎都難逃他們的肆虐。多少個世紀以來，這些河流本來都是貿易的主要孔道，現在竟也替這些北歐海盜提供了莫大的方便。

同時，這一波蠻族入侵和三百多年前日耳曼人入侵羅馬帝國有一個很大的不同，那就是教堂不再得以倖免了。譬如在西元五世紀上半葉至中葉，羅馬經過日耳曼人兩次大掠，城內千百年來所累積的財富幾乎全部都被搜刮一空，唯一得以保全的只剩下基督教堂；可是這回在維京人的認知裡，只要是有十字記號的地方，就表示這些地方沒有任何防禦，可以非常輕鬆的大搶特搶！

就這樣，無數的修道院都在這一波浩劫中被嚴重的洗劫，甚至焚毀。由於修道院在當時是主要的教育中心，這自然對加洛林王朝學術文化的復甦，造成了重大的打擊。

到西元九世紀中葉，維京人的活動進入一個新的階段：他們不再以打游擊為滿足了，而是開始在沿海建立一些希望能夠是永久性的居住地，以至於歐洲西海岸好幾處大河河口，都陸陸續續出現了維京人的據點。

到了九世紀末葉，由於很多市鎮都加強了防禦工事，維京人的劫掠遭遇到前所未有的阻礙（或應該說是抵抗），在與當地武裝力量不時發生衝突之後，他們的據點逐漸被局限住。譬如西元八九一年，日耳曼王阿努爾夫在萊茵河下游擊敗了一大批丹麥人，把他們逐出該地，之後維京人的據點就慢慢集中於塞納河下游一帶。接下來，他們慢慢嘗試用外交手段來奪取資源。

進入西元十世紀初以後，法蘭克王國找到了對付維京人的好辦法，那就是「**以夷制夷**」。西元九一一年，法蘭克王「單純的查理」（西元八七九～九二九年）將塞納河下游一帶（後來被稱為「諾曼第」的地方）割讓給維京酋長羅洛，使羅洛及其人民後來都接受了基督教，成為法蘭克王國的附庸。在這之後的二十年間，雖然仍會出現零星北蠻的擾亂事件，但諾曼第王朝的成立，終止了一百多年以來維京人在西歐的侵略。

蠻族帶來好的改變

維京人固然為西歐帶來很多災禍，但在他們定居之後卻也帶來了新的活力。

他們就像當年的日耳曼人一樣，富有吸收更高文化和適應新環境的能力，在俄羅斯、英格蘭和法蘭西，他們都很快就接受了當地的文化，包括語言、習慣和制度，而且多少還揉入了他們自己原本的特色，比方說他們長於海上冒險，所擁有的航海知識和造船技術，就奠定了以後不列顛群島、諾曼第、俄羅斯等地商業復興和市鎮興起的基礎。他們稍後很快就展現出精於貿易的本事，也給歐洲帶來向外發展的新希望。

以夷制夷——「夷」是外族的意思，「以夷制夷」就是希望用敵人來對付敵人之意。出處有兩種說法，一說是由北宋思想家、政治家、文學家王安石（西元一〇二一～一〇八六年）所提出；另一說是出自《後漢書·鄧訓傳》，《後漢書》是一部記載東漢歷史的紀傳體史書，由南北朝時期的歷史學家范曄（西元三九八～四四五年）所編撰。

此外，諾曼第人不僅接受了基督教和希臘羅馬文化，而且還是熱心的傳教士和文化傳播者。在進入西元十一世紀時（西元一〇〇〇年左右），由於諾曼人和其他傳教士的努力，整個斯堪地那維亞都投入基督教的懷抱，成為基督教世界的一部分。基督教不僅給斯堪地那維亞帶來了部分程度的社會安定，也帶來了西方的文化，封建制度就是在這個時期開始傳入。

總之，從導致加洛林王朝的傾覆，進而促成歐洲許多未來國家的興起，凡此種種都顯示出，維京人的入侵固然使歐洲當時正在復甦的文化和經濟再遭破壞，但對後世來說還是留下了很多深遠且正面的影響。譬如在西元八六六年北蠻開始大舉進犯英格蘭的時候，當時由盎格魯-薩克遜人所掌控的英格蘭分立為四個王國，這四個王國在面對強敵入侵時不能保持一致對外，結果在短短五年之內，有三個王國都被北蠻征服，可無形之中，這也為日後英格蘭王國得以統一，打下了基礎。

在當時，北蠻入侵所造成的一個最直接的結果，就是促進封建制度的發展。封建制度正是我們下一章要講述的主題。

第四章　封建制度時代

在加洛林王朝崩潰以後，繼之而起的是封建列國，由日耳曼、羅馬等元素混合而成的中古社會屬於封建社會，所實行的制度就是「封建制度」。

因為封建制度，中古社會才如此不同於過去的羅馬社會與之後的近代社會，想要了解中古史，就一定要對封建制度有所認識。

封建制度是中古時期歐洲，尤其是西歐政治、社會、經濟乃至軍事秩序的基石，發展於西元八世紀，盛行於十至十三世紀，在工商業復興以及城市興起以後才漸漸衰落，到西元十五世紀正式崩解。

不過，我們必須要先釐清的是，雖然說是「制度」，但封建制度在本質上其實並無制度可言，意思是說，這套所謂的「制度」並不是出於人為刻意的規畫，而是人們為了適應環境自然而然所演變出來的一套做法，所以經常會因時間、地域等等不同而有所差異，直到封建制度已經呈現衰落之後，大家才恍然意識到，原來竟有這樣的制度存在。

以地域來說，封建制度盛行於法蘭西、英格蘭和日耳曼。而在義大利，除了諾曼第人將封建制度帶到南義大利和西西里島之外，在其他地方，由於城市生活開始得比較早，即使有過一些封建制度，但都沒有生根；斯堪地那維亞的情況也差不多是這樣。說起來，在中古時代，封建制度最嚴密的地區，是兩個由十字軍所建立起來的東方國家，那就是耶路撒冷王國和君士坦丁堡拉丁帝國。

一般來說，封建制度雖然是中古歐洲的特殊現象，早已成為歷史，但所留下的許多寶貴傳統，對後世、尤其是西方文化影響深遠，譬如現代的議會制度、法治精神、民主觀念等等，在封建社會裡都已經粗具雛形；由於政教之間的衝突，使得政教關係有了新的發展，政治與宗教事務之間的分際漸趨明朗；由於貴族生活的轉變，貴族漸漸從「武」而「文」，推動了方言文學和哥德藝術的發展；就連今天的大學制度，也可以說是封建制度的產物。

現在，就讓我們從封建制度究竟是如何形成開始說起吧。

1 封建制度的形成與發展

封建制度雖然是西元八世紀以後的產物，但顯然「醞釀」已久，受到傳統因素的影響極大，這些傳統主要有五個：

● 羅馬傳統

在羅馬帝國末期，負擔賦稅最重的是自由小農和城市地方官吏，他們要付的賦稅遠遠超過他們的收入，為了逃避這種不合理的負擔，他們往往寧可將自己的土地「獻給」鄰近大戶。這位大戶可能是一位享有免稅權的元老，或至少也是有能力逃稅的特權階級，於是土地的主權從此就歸這位大戶所有，但土地的使用權則由獻地者終身保留，得以繼續耕種原有的土地，這叫做「認佃」或「獻地契約」，是一種私人之間的契約（「認佃」這個詞的原意有「請求」的意思）。後來從「獻地契約」又產生了「增地契約」與「賜地契約」，前者是指大戶增加更多土地給原獻地的農戶，後者是指大戶將自己的土地賜給無地農戶來耕種。

也有的貧民因為無以為生，遂投靠於有錢人家，為其家臣或門客，供其驅使，這叫做「庇蔭」。

「庇蔭」這樣的做法其實從羅馬共和時期就有了，任何一位權貴或者大戶人家都會有很多「扈從」，他們用服務來交換庇護。這種庇護的做法到了帝國時代繼續存在，譬如被解放的奴隸必然就是主人的扈從。帝國後期，由於社會秩序混亂，這些扈從就組織成武裝衛隊，而當日耳曼人滲入帝國以後，日耳曼人就成為羅馬人最理想的扈從或是衛隊，到了西元四世紀時，幾乎帝國裡每一個重要人物都有日耳曼人充任衛隊。因此封建制度裡的軍事服務，實際上可追溯到羅馬這種庇護制度。

●塞爾特傳統

封建制度裡的「附庸」一詞是出自塞爾特語，這是因為高盧的塞爾特酋長大多都有扈從的組織，這些扈從與酋長之間就是一種主人與附庸的關係，平時執行酋長的命令，戰時則要協助酋長抗敵。

日耳曼傳統

我們在卷三《上古史II》中談到過日耳曼人的「義士團」，每一個義士團都是由一個首領和一群追隨他的武士所組成，首領要供應效忠自己的武士若干武器和衣物，並且帶領這些武士對外展開掠奪；而武士們的義務就是對首領絕對忠誠，甚至如果首領在戰鬥中死亡，武士們也絕不苟活。

當日耳曼人進入羅馬帝國以後，很自然的便把「義士團」的傳統也帶了進來，其中「宣誓效忠」和「效忠禮節」都是過去羅馬扈從制度所沒有的：日耳曼青年會向老戰士宣誓效忠，效忠之後，不僅充當老戰士的衛士，也和老戰士共享社會地位，是老戰士的戰友。如此老戰士和青年扈從就同屬於貴族階級，而且兩者之間的關係在雙方同意的情況之下可以隨時解除，並不含有任何法律或社會上的貴賤之別。

梅羅文加傳統

梅羅文加王朝有兩種制度和封建制度的形成有著密切的關係，一個是「賜地」，另一個是「豁免權」。

不過，「豁免權」其實也可往上追溯至羅馬帝國時代。在帝國末期，散布各地直屬於帝國政府、不受地方政府控制的土地，稱做「fisc」，享有豁免權。梅羅文加王朝往往會將「豁免權」（不連帶國土）賜給某教區或是某修道院，之後又進一步擴大，也賜給世俗的地主。

而關於「賜地」，則是國王將地方政府託付給「郡守」，這些郡守大多都是國王的袍澤，為了酬勞他們的服務，國王就會賜給他們一塊土地，包括在這塊土地上耕種的農人和所有物資。國王也會賜給教會或修道院一塊土地，做為宗教服務的代價。

賜地之後，國王保有土地的主權，而「受惠者」則擁有土地的使用權。

加洛林傳統

到了加洛林王朝，「賜地」變為「世襲」，稱之為「采邑」。此外，為了對付回教騎兵，「鐵鎚查理」也必須組建騎兵，於是就沒收了高盧教會的地產，以土地來酬庸戰士，使得土地占有和軍事服役從此產生了密切的關係，歐洲政治更進一步走上了封建制度（上一章的第一節提過）。

什麼是封建制度？

什麼是封建制度？如果要用最簡單的一句話來解釋，就是「一種以土地的占領和私人關係為基準的政治形式」，在這樣的解釋裡頭，「一種政治形式」、「土地的占領」和「私人關係」是三大重點，我們現在就一一說明。

一種政治形式

封建政府的權力並非來自國王，而是來自土地的占有。

而封建制度又是如何形成和發展？關鍵就在於國家太弱，導致司法、財稅、軍警等重要主權會隨著土地轉移而轉移，終於淪入地方政府，甚至私人之手。

以加洛林王朝來說，正是由於王朝的崩潰，無法有效控制各個地方政府，才促進了封建制度。

土地的占領

封建政治的基礎就是土地，有了土地，才可能有封建政治。因此，土地的轉讓和傳遞，也直接影響到政權的轉讓和傳遞。這塊土地，封建術語就稱為「采邑」。

如何才能獲得采邑呢？最狹義的采邑定義，是由於提供了軍事服務獲得的土地；但除了軍事服務，其實還有很多其他的方式，這些都是屬於廣義的采邑。比方說，國王或者是大封侯，將一座莊園和土地（包括裡頭的房子、農奴、工具等等，一切都在內）賜給一個人，來交換他的服務，如此這座莊園和土地就是這個人的采邑，雖然他不一定會行使統治權。

只要提供某種服務，哪怕這個服務在旁人看來是多麼的微不足道，但因所有的服務都統稱為「服役」，所以都有機會獲得采邑。畢竟在當時現金交易幾乎已經絕跡，土地贈予是最好的方法，而且贈予土地還可以保有讓對方進行永久性服役的優點。

不過，像這樣以服役來換取土地，不是我們現在所要講述的封建制度中的采邑；通常在封建制度中，采邑的擁有者同時也是統治者，是貴族。

在封建社會裡，沒收采邑是最嚴重的懲罰，一般來說，即使受地者死亡，只要他的繼承人（採「長子繼承制」）願意繼續履行條件，當初的賜地者就不必收回土地，這麼一來，采邑的占用就逐漸演變為世襲。到了西元十世紀末，世襲制度已經是采邑的要素之一了。

● 私人關係

首先要強調的是，封建制度的組織只有上下「縱」的關係，而缺乏左右「橫」的關係。在封建制度下，每一個人，上自帝王、下至農奴，全

封建制度下，農奴屬於基層勞動力，是可以被交易的財產。

受封的騎士與領主正式建立臣屬關係。

部都會被納入到體系之內，無一例外。

其次，契約所造成的是「領主」和「附庸」之間的私人關係，或者可稱之為「臣屬關係」，維持這種關係的是一套權利與義務的準則，雙方都必須嚴格遵守，尤其是誰也不得違反「封建法」。違反封建法是一種犯罪行為，嚴重的話會導致附庸喪失其采邑，或者解除附庸對領主的義務。

每一位領主都有一個「封建法庭」，來處理各種糾紛。這個法庭是由諸多附庸所組織而成，領主只是主席，如此就可保障附庸的權利不受到領主的侵犯，而因為領主自己也是另一領主的附庸，所以保護自己附庸的權利其實也就是保護自己的權利。

封建法庭所遵行的法律是當地的「習慣法」，而習慣法之存在及其效力是由法庭所決定，在封建社會裡沒有「立法」的觀念，要到西元十二世紀羅馬法復興以後，在西方歐洲才開始有「成文法」和「習慣法」之別。

此外，由於在中古時代每一地區都有其特殊習慣，所以「法律的地域性」是封建法律的重要特質，就和中古幣制一樣，中古法律是完全地方性的，或者也可以這麼說，審判和鑄幣同為封建政權的權利，因此日後在王權伸張以後，首當其衝的就是幣制和法律的統一。

最後，還有一點要注意的是，封建法庭只處理貴族之間的糾紛。至於一般平民，則有「莊園法庭」、「市場法庭」、「都市法庭」等等，教士則有「教會法庭」。

2 莊園制度與莊園經濟

封建制度的物質基礎是土地，管理這塊土地的方式以及因此而產生的農村組織就是「莊園制度」。

莊園制度（Manorialism）這個詞來自「莊園（Manor）」，類似羅馬時代的「鄉間莊園」。追溯莊園制度的淵源，就會發現它和封建制度一樣的古老，而且同樣帶著某些羅馬和日耳曼人的傳統。譬如羅馬時代的鄉間莊園，是指一個地主擁有廣大的土地，由奴隸和佃農來耕種，這塊土地是地主個人的私產，奴隸和佃農都是為他工作，地主直接管理這塊土地；中古時代的莊園，地主（統治和武士階級）則無暇親自管理農莊，同時對農奴還擁有統治權，羅馬地主就沒有這樣的權利。

又如日耳曼人的「公田制」，是指一塊土地由許多自由人共同占有、共同耕種並且共同享用。後來日耳曼人在入侵羅馬帝國之後，把他們的公田制與羅馬的鄉間莊園混合在一起，深深影響到中古的莊園制度，然後就像封建制度一樣，到了西元九、十世紀，隨著加洛林王朝的解體以及歐洲政治的混亂，成為中古的經濟制度。

◆什麼是莊園制度？

所謂「莊園」其實涵義很廣，既是「地域單元」，指某一個鄉村，有土地和人民，農業是其生活方式；也是指「農耕單元」，指領主私有地和其他農人持用地之間的複雜關係，包含特殊的土地分配以及耕種方法等等；更是指一種「政治單元」或「法律單元」，地主對生活在莊園裡的人民具有相對的統治權。

為什麼說是相對的統治權呢？這是因為地主的統治權，是基於地主與農奴之間一種私人契約的關係，而這種契約是由許多相對的權利與義務來維持的，因此，我們可以說，莊園制度實際上就是封建制度的一部分。

在中古西歐，固然沒有兩處莊園會一模一樣，由於各地的習慣與行事會造成無數的差異和變化，但大體說來，莊園組織還是相當類似的，每一座莊園都包括以下幾個元素：

● **耕地**

耕地中有一部分是領主的「私地」，這些私地也許是單獨成一塊，或是與農奴的土地混在一起、分散於幾處。

● **公地**

包括樹林、牧場、草地等等。草料和木料的分配，每戶都有指定的數量，不得任意取用。

● **邸第**

是指領主的住宅，一般都是建築在較高的地方。不少貴族還會有堡壘，大多都是位於山頂或懸崖之上，居高臨下，既可起居，又便於防守。邸第附近有磨坊、酒坊、烤爐等設備，如果農奴要使用，必須付適當的代價；還會有儲藏以及侍役、工人居住的地方。

● **教堂和教士住宅**

在教堂和教士的住宅附近也會有耕地，以維持教士的生活，還有墳地。這些土地都由領主捐獻，教士的任命亦由領主來決定，因此產生了許多弊病。

● **農奴住宅**

都是一些簡陋狹小的房屋，沒有衛生設備，還都是人畜雜居，容易引起疾病的傳染。

莊園制度下的經濟

莊園經濟有以下幾個特質：

●自給自足

由於政治的混亂以及商業的衰弱，迫使每一個莊園都趨向自給自足的經濟形態，簡單的生活必需品必須就地生產，生產量也受到控制，否則剩餘物資沒有輸出的可能，形同浪費。莊園經濟代表的是一種非常簡單、又相當原始的經濟制度，極有限的商業行為就是以物易物。

●公社合作

由於經濟困難，農奴個人勢必沒有辦法備齊各種農具和牲口，一般來說，這些農具和牲口都由地主供給，而由農奴共同租用。此外，農奴除了耕種自己的土地，還必須耕種領主的私有地，這也需要大家共同合作。

●三田制

將莊園的全部耕地分為三區，按年來輪流使用：一，春耕地，種植大麥、燕麥和豌豆；二，秋耕地，種植小麥或稞麥；三，休耕地，不栽作物。三田制可說是一種耕作技術，在肥料缺乏的時代，輪流休耕能夠有效保持和恢復地力。

●「土地開放制」，或稱「敞田制」

這是一種耕作方式，每一座莊園的全部耕地，除了在收穫前需要防範不讓牲畜闖入破壞之外，平常是不設藩籬的；每一戶農家所分得的耕地也不是完整的一塊，而是若干條狀的小地，分散於上面所說的三田區，條地與條地之間只有簡單的區隔，原則上也同樣不設藩籬。這樣做法的用意，是希望讓每家所得土地的肥瘠，和每年收穫的機會，能夠大致均等。

農奴階級

農奴附著於土地，不能任意離去或是隨便改變行業，反過來說，領主也不能任意剝奪農奴的土地，而且土地由其子孫繼承，領主亦不能干涉，這就給了農奴一份可貴的安全感。這份安全感可說就是農奴所享有的最大的權利，也是穩定中古莊園生活最大的力量。

農奴受領主的保護，可以享用莊園裡各類公地，包括牧場、草地、樹林等等，

法國中古時代的莊園，是自給自足的基本經濟體。

這些都是農奴的權利，關於這些權利的細則，則依各地習慣來決定。至於農奴的義務，則分「勞役」和「雜稅」兩種。

中古社會分為三個階級：第一是教士，使命就是祈禱，負責領導人民的精神生活；第二是貴族，主要任務是打仗，負責以武力來保護人民的安全以及維持社會的秩序；第三就是農奴，任務是工作，負責以勞力來維持整個社會的物質生活。

中古社會的農奴地位介於奴隸與自由人之間，既非像羅馬時代的奴隸，也非完全的自由人，意思就是說，就一個人來說，農奴有身體自由，但是就工作來說，他做的是勞役，又不能放棄自己的工作，所以又是非自由的。一直要到後來商業發達，貨幣經濟開始盛行以後，才有農奴會用金錢來代替勞役，甚至從領主手裡買得土地，而成為一個完全自由的人。

此外，在某些地區也有不少「自由農」，不知道什麼原因，他們的祖先沒有放棄自己土地的所有權，所以沒有被併入農奴階級。理論上他們是自由人，不必對領主服勞役，但由於時勢所逼，他們的生活往往與一般農奴相差無幾，只不過在後來都市興起以後，這些自由農成為最早賣掉田地而去都市謀生的人。

3 封建制度下的貴族與騎士

一般似乎都習慣用「貴族」和「騎士」來稱呼封建社會裡的地主、戰士和統治者，但其實這兩個名詞僅僅適用於早期的封建社會，因為只有在早期擁有采邑的才是貴族。到了西元十三世紀，「貴族」這個名詞有了更廣泛的含義，一些婦女和缺乏戰鬥力的人也可以被稱為「貴族」，也就是說「貴族」從早期專指以打仗為業的人，逐漸演變為一種階級。

造成這種演變最重要的一個因素就是「世襲」。當采邑、戰爭任務和統治權力成為世襲以後，自然就會產生一個特殊的團體，形成一種特殊的傳統。

如果將中古社會的貴族與羅馬的貴族相比，就會發現兩者之間有著非常明顯的差別。羅馬的「貴族」只是一種有財富、有權勢的社會階級，但在法律上仍然是一個平民，並不享有任何法律上的特權，後來在梅羅文加王朝以及加洛林王朝時同樣如此；可是到了西元九世紀以後，這些大地主卻變成了封建貴族，不僅擁有經濟、軍事和政治三大權力，還自成一個法定階級，在法律上高人一等，享有其他人所沒有的權力。

簡單來說，中古社會的貴族是一個法律所承認的特權階級，甚至直到後來商業復興、王權伸張以後，貴族即使漸漸喪失了他們在經濟、軍事和政治上的壟斷，在法律上卻仍然還是屬於一種特定的階級。只要是出身自這個階級，無論有沒有服軍役的能力，都是貴族，而那些能夠服軍役的則又另成一個「社團」，這就是所謂的「騎士社團」。

所以，每一個騎士都必定是貴族，但不是說每一個貴族都是騎士。

貴族之間的私戰

封建貴族的首要任務就是作戰。理論上，貴族是為了保護人民的生命財產而戰，實際上卻往往是為了私利或是私仇而大動干戈，在整個封建時代，頻繁的私戰一直是一個最大的、很難解決的災禍。

教會為此一直把消弭私戰視為重要的工作，至少總要設法阻止讓這些私戰殃及到無辜的老百姓。教會想出了很多辦法，比方說，推行所謂的「天主的和平」和「天主的休戰」，前者禁止貴族在戰爭中侵犯所有非戰鬥人員（包括農民、教士等等）的生命財產，後者則是指定一年當中的某些日子（譬如復活節前四十天）為休戰期，如果違反就將被開除教籍。

這兩項禁令最初始於私戰最盛的法蘭西，然後傳播到歐洲各地，傳到英格蘭以後，因為是由國王親自頒布這兩項禁令，效果比較好。但若問私戰何時才真正的受到約束？那還是要到西元十二世紀王權伸張以後。

◆騎士精神

為什麼在中古社會的私戰會這麼氾濫呢？其中一個原因，應該是跟騎士精神有關。

一個出身貴族家庭的男孩，大約從七歲就開始接受騎士教育，要經過二十幾年的訓練，才能經由「騎士授予典禮」，正式成為一個騎士。想達到騎士完美的境界，就必須具備完美的騎士精神，這至少包含以下三個方面：

●身為戰士的美德：英勇和榮譽

所謂「英勇」，就是英雄本色，包括見義勇為、視死如歸、遇到險阻和挑戰時毫不畏縮等等；而「榮譽」的意涵很廣，上對領主效忠，中對同僚守信，下指不欺凌弱者，此外，有仇必報，但報仇時必須秉持公平的原則，不發暗箭、不趁人之危、不攻擊非武裝騎士等等。

私戰之盛行，在某種程度上，就是過分強調英勇和榮譽的結果。

等到私戰之風漸衰之後，取而代之的是所謂的「馬上比武」。這是中古騎士都很酷愛的活動，只要有任何慶典必有比武，這不僅是一種娛樂，也是一種訓練騎士的場合。到了西元十二世紀晚期，因為婦女也會參加觀賞，馬上比武又成為重要的社交場合，青年騎士參加比武，除了想要爭取榮譽，經常也是為了想要爭取某一位仕女的芳心。當然，物質利益亦是促使騎士們熱衷參加比武的動機之一，儘管絕大多數的騎士嘴巴上都不願意承認。

身為紳士的美德：禮貌

這裡所說的「禮貌」，是指在儀表和態度上要合乎宮廷禮節。在宮廷禮節中最重要的一項，就是要對婦女尊敬殷勤。這種風氣究竟起源何處，歷史學家的意見不一，不過可以確定的是，在西元十二世紀，由於商業復興，東西交通重開，封建社會的生活確實慢慢從簡單粗糙而轉為溫文爾雅。

西元十二和十三世紀又出現了所謂「騎士愛情」，催生了中古盛期的「愛情文學」，這是很多吟遊詩人吟唱的主題。基本上，中古騎士的重要特徵便是一方面崇拜女性，一方面又認為她們在社會上的地位次於男性。

理當是一位標準的基督徒

騎士不僅應該恪守教規，行事作風還應該是一般凡夫俗子的模範，同時因為他是一個軍人，所以還應該保護教會、抵禦強敵，日後的十字軍運動就是這個理想的實現。

貴族的生活

「堡壘」是貴族階級的象徵，原本是做為防禦敵人所用，也是貴族生活起居的場所；是封建力量的中心，也是當時社會活動的中心。

儘管沒有兩座堡壘完全相同，但是基於「防禦第一，生活其次」的原則，中古堡壘還是大同小異，比方說，一般位置都很險要，城外有護城河環繞，河上有吊橋，做為出入堡壘的唯一孔道；城裡有廣場、儲藏庫、工人住所、領主住的正廳和內宅等等。

中古貴族大多都沒有受過教育，除了喝酒吃飯，貴族們在平時可說沒什麼事好做，僅有的工作就是計算田地收入，或是處理附庸和農奴之間的糾紛。狩

11 世紀的「貝約掛毯」上織著英格蘭貴族的狩獵景象。

女性貴族也會參與狩獵。

下著西洋棋的聖殿騎士。

獵是貴族的特權，冬季不能打獵的時候就從事一些室內娛樂，譬如各種棋藝，包括我們今天說的「西洋棋」（也稱「國際象棋」）。

當然，貴族的年輕子弟往往從小就要接受刀槍騎馬的訓練，一年內會有好幾次比武。

最後，關於貴族的生活，還有一點很重要的是，封建婚姻是一個政治問題，而不是男女之間的私人問題，因此男婚女嫁必須由對政治利害有關的領主或家族來決定，畢竟，無論是為了擴展疆域，或是建立關係、樹植勢力，婚姻都是一個很好的方法。

西洋棋為中世紀貴族的休閒活動之一。

4 封建社會的教士與教會

封建社會裡另一個領導階級就是教士。這裡所說的「教士」是採取廣義，包括「俗世教士」和「修士」，前者在社會工作，與凡夫俗子為伍，所以稱為「俗世教士」，除了羅馬教宗之外，像總主教、主教、堂區神父、輔祭、副祭，以及其他低階神職人員都是「俗世教士」；後者「修士」則退隱修道院，與俗世隔絕，原則上不直接從事傳道工作。

在極為強調人際臣屬關係的中古時代，教會內部組織也不可避免受到了封建制度的影響，而由於教會的封建化，總主教、主教等高階教士也就成為政治上的貴族和經濟上的地主；也就是說，他們不僅是宗教領袖，同時又是政治的領導人物。

我們在本章第二節中說過，封建制度的物質基礎是土地，而中古歐洲教會正是大土地的持有者。根據統計，中古歐洲教會所持有的土地，數量之巨，真是非同小可，譬如在西元十二、三世紀中，西歐將近有三分之一的土地都為教會所有，而早在西元九世紀，擁有十萬畝以上土地的主教和修道院院長已經不乏其人，就連最不濟的教士，擁有的土地經常也是動輒就五千畝以上。

這些數量龐大的教會土地是怎麼來的呢？其實全都是幾個世紀以來，各地信徒捐贈累積的結果，尤其是國王和大諸侯，常常都會在臨終之際把廣大的土地捐贈給教會，做為抵消他們一生罪惡的善行，想在人生最後一刻與神和解。到西元九世紀中葉以後，這一類土地的贈予已開始採取封建采地授受的形式，由主教或修道院院長代表教會接收，然後以封建的關係來持有。

問題是，封建土地持有的一個基本條件是軍事服役，教會所持有的土地如此之廣，可理論上身為教士是不能從事戰爭的，所以他們就想出一個變通的辦法：把教會所領受的土地拿出一部分，分授給俗世的臣下，再以所獲得的軍事服役轉奉於各自的主上。結果使得教會的采地與一般的采地無異，主教或修道院院長也因此與俗世的貴族幾乎完全一樣，差異只在於在形式上，教士們的繼承要透過選舉，不是世襲，同時，土地一旦為教會所有，便永遠不再脫離教會。

教會組織中的階級

在世俗社會中，農民和貴族的地位有著天壤之別，而在教會組織中，低階和高階教士之間的差別也是非常巨大的。鄉村教區的教士大多出身農家，在莊園教堂供職的教士隸屬於莊園領主，處境與莊園裡其他農民沒什麼區別；而主教、院長和其他高階教士，則大多出身貴族。

一個出身貴族的年輕人，如果能夠擔任高階教士，他從這個職位所享有的龐大財富和勢力，往往遠超過他從家庭產業中所能繼承的部分，這麼一來，貴族們就經常干涉教會的選舉，希望能為自己的家族成員謀得主教或是院長等高階教士的美差，只要如願，就算撇開財富問題不談，至少也是為自己安排了一個有財有勢的盟友。

經由貴族「運作」所產生的高階教士，無論是氣質、修養或情趣，自然與世俗的貴族簡直沒什麼不同，他們往往同樣很喜歡狩獵和戰爭，且樂於積極參加封建政治的活動。在中古歐洲，甚至有過不少主教曾經親身率領騎士在戰場作戰，只不過他們的武器和一般騎士所拿的不一樣；一般騎士都是拿劍，主教則是使用鈎矛（形式有權杖、狼牙棒等等），象徵著避免殺人過多。

總之，教會的使命原是改造社會，但是在中古時代，教會反而被封建社會所同化了。

教會統一、穩定的力量

不過，雖然封建化的教會產生了不少問題，影響了教會組織的健全，而造成後來教士生活腐敗以及買賣神職的現象，成為封建教會裡的兩大弊端，但一般來說，穩定封建社會的力量還是來自於教會。譬如努力減少私戰、提倡騎士精神，以及對婦孺的保護等等，都是在教會的推動之下，才能逐步看出一些成效。

同時，整個封建制度就是建立在領主與附庸之間互許的信誓上，這份信誓的神聖以及約束力量，也都是靠著教會來維持，因此，可以說，如果沒有教會，整個封建制度不可能持續那麼久，恐怕早就瓦解了。

整體來說，教會還是中古社會最重要的一股統一的力量。想想看，儘管封侯騎士看起來都是各自為政，但因他們往往都是屬於同一個教會，這就避免了發生重大矛盾的可能。查理曼大帝所建立的「基督教共和國」雖然只是曇花一現，在他過世之後不久就不復存在，但它的理想一直沒有消失，後來西元十世紀的「神聖羅馬帝國」就是這個理想的再現。從西元十世紀以後，整個社會便逐漸「基督教化」，這些事例都不斷提醒我們，統一這個中古封建社會的，還是「封建化」的基督教會。

此外，封建時代教會的腐敗，固然是由於時代的政治、經濟等背景所造成，但羅馬教廷的無能領導也是一個重要原因，尤其是在查理曼帝國慢慢瓦解以後，當時很多人都寄望於羅馬主教能夠肩負起領導社會的責任，偏偏那個時候的羅馬教宗大多都是庸碌之輩，不能發揮領導作用。其中只有尼古拉斯一世（約西元

教宗尼古拉斯一世。他為捍衛教廷的權力，不惜與帝王衝突。

「虔誠的路易」長子、洛林國王洛塞一世。

八二〇～八六七年）是一個例外。

在尼古拉斯一世在位的九年期間（西元八五八～八六七年），羅馬教廷短暫擔負起領導的責任。為了維護教會的法規，他不惜**與國王正面衝突**，這種氣勢是前後兩百年間羅馬教宗所僅見，可惜，這也只是尼古拉斯一世個人的成就，從西元九世紀下半葉至十一世紀初，羅馬教廷已完全被貴族這些外來勢力所包圍，自身難保，遑論其他。

到了西元十一世紀中期，教會開始試圖改革。

與國王正面衝突——尼古拉斯一世為了維護教會法規而觸犯帝王，有兩個最著名的例子：

一，由於保加利亞的隸屬問題，君士坦丁堡主教被皇帝非法免職，尼古拉斯一世立刻提出嚴正抗議，並且將新主教開除教籍；新主教不甘示弱，聲明羅馬教會為異端，造成東西教會暫時的分裂，直到後來這位新主教終於被免職，東西教會才重新統一。

二，查理曼大帝的曾孫、洛林國王洛塞遺棄王后，公然與情婦同居甚至正式結婚，當時的法蘭克主教及受命處理這個離婚案的教廷都不敢吭聲，還為洛塞背書，聲明洛塞的行為合法，尼古拉斯一世在獲悉來龍去脈之後，立刻將洛塞罷免，並將所有參與其中的人通通開除教籍，之後僵持數年，最後還是洛塞讓步，痛悔前非。

第五章　王權興起

在加洛林王朝崩潰以後，西歐就陷入分裂，
政治上呈現各自為政的局面，經濟上又是莊園林立、自給自足，
法蘭克王國可說是名存實亡，失去實質的權力。

不過，仍有多股力量可以維持這個基督教社會的統一，
主要就是信仰與即將興起的王權。

從西元九世紀以後，歐洲已逐漸基督教化，形成一個龐大的基督教社會。

維持這個基督教社會保持統一的有三個主要因素：

● 思想上的統一

由於大家都是信仰基督教的教義，思想上自然非常一致，凡是與基督教信仰不合的思想都會被視為異端，不僅會受到教會的懲罰，還會受到世俗法律的制裁。

● 倫理觀念上的統一

這個時候人們的是非標準以及行為準則，都是以十誡和教規為標準，可以說大家的倫理觀念都是以教會的倫理觀念為依據，如果違反就是犯罪。

● 政治權的統一

儘管如前所述，在封建制度時期下的教會有些弊端，羅馬教會也幾乎無法肩負起領導社會的責任，但至少在理論上，大家都還是把羅馬教會視為最高的精神權力。到了西元十世紀中葉以後，又將神聖羅馬帝國視為人間最高的政治權力。這麼一來，教會和帝國的合作，就構成了基督教社會的統一治權。這是整個中古時代極為普遍的政治思想，並且一直持續到西元十六世紀初宗教改革前夕。

與此同時，還有另外一個統一的力量在慢慢發展，這就是王權的興起。

摩西受天主之命，獲得了「十誡」。

在法蘭西和英格蘭，正是因為王權興起，才得以消滅貴族勢力，奠定了統一的基礎，後來這兩個地區也都成為堅強的民族國家。

1 法蘭西：卡佩王朝

卡佩王朝的建立者是修．卡佩（西元九三八～九九六年），他的祖先可以追溯到「羅伯王朝」，而要了解「羅伯王朝」，還得從西元八四三年的《凡爾登條約》開始講起。

根據《凡爾登條約》，路易二世（也就是「日耳曼人路易」）得東部，包括薩克森、巴伐利亞和萊茵河以東地區（北部弗利西亞除外），稱「東法蘭克王國」。西元八七六年，路易二世的小兒子「胖子查理」（也就是查理三世，約西元八三九～八八八年）繼承了東法蘭克—日耳曼的王位，五年後（西元八八一年）被加冕為皇帝，再三年之後（西元八八四年），又繼承了西法蘭克—法蘭西的王位，一度四分五裂的查理曼帝國，到這個時候才又宣告統一。

可惜，好景不常，統一的局面才維持了短短三年，查理三世就被貴族推翻，他的姪子阿努爾夫（西元八五〇～八九九年）篡位，成為東法蘭克王國的國王。

東法蘭克王國國王路易二世（也稱「日耳曼人路易」）。

阿努爾夫篡位，取代叔叔「胖子查理」，成為東法蘭克王國國王。

「胖子查理」繼承了東西法蘭克王國，查理曼帝國暫時恢復統一。

阿努爾夫在位十二年（西元八八七～八九九年），在布魯塞爾以北重創過北歐海盜，後來又入侵義大利、攻克羅馬，並於西元八九六年在羅馬被加冕為羅馬皇帝。

接下去，法蘭西王位再次經過一番爭奪，最後由巴黎伯爵歐德繼承。歐德曾經在西元八八五年率眾奮勇抗拒過入侵的北蠻，使巴黎倖免於難，被視為「西方最強的封侯」，因此獲得了多數貴族的支持。歐德的父親名叫做羅伯，後世遂將從歐德開始一直到卡佩這個階段，稱為「羅伯王朝」。

◆──羅伯王朝

歐德上臺固然是得到多數貴族的支持，但到底也不是所有的貴族都支持他，有少數貴族擁立的是「單純的查理」（就是我們在第三章中提到過，把諾曼第割讓給維京酋長羅洛的那位法蘭克王）。

「單純的查理」是「禿頭查理」的孫子，他是怎麼當上法蘭克王的呢？

當年，根據《凡爾登條約》，「禿頭查理」得西部，包括舊紐斯特利亞和亞奎丹，自此稱「西法蘭克國」。西元八七五年，當時身為加洛林王朝成員中最年長的一位，「禿頭查理」得到了教皇的加冕，繼承了皇帝的稱號，後來在西元八七七年「禿頭查理」過世之後，帝位就一直虛懸著，直到四年後（西元八八一年），我們前面所說的「胖子查理」才被選為皇帝。

其實「胖子查理」在西元八八四年被選繼西法蘭克—法蘭西王位的時候，「單純的查理」是很不服氣的，因為當時手足沒有子嗣，本應由他這個幼弟來繼承王位，偏偏貴族要另立日耳曼王「胖子查理」兼法蘭西王。到了西元八八七年「胖子查理」被趕走，後來法蘭西王位又被歐德所竊據，這讓「單純的查理」情何以堪？於是就爆發了內戰。

面對「單純的查理」的挑戰，一開始歐德是打算積極應戰，但因適逢北蠻又不斷的侵略，歐德兩頭應付，疲於奔命。無奈之餘，只好與「單純的查理」締結和約，把法蘭西一分為二，各治一半。

西元八九八年，歐德逝世，「單純的查理」遂統一了法蘭西。

與此同時，歐德的胞弟羅伯（與他們的父親同名）得到了巴黎、土倫等封地，算是對他放棄王位的補償，羅伯因此一躍而成為法蘭西實力最強的封侯。

「單純的查理」在位期間有兩件最重要的舉措，都發生在西元九一一年，一個就是和北蠻議和並割讓了諾曼第，另一個則是趁日耳曼王去世，火速出兵占據洛林，這不但引起了法蘭西貴族的不滿，也使得洛林這個地區，從此成為法蘭西和日耳曼爭奪的目標。於是，在巴黎伯爵羅伯的領導之下，貴族群起反叛。

之後巴黎伯爵羅伯被擁立為王，但他不久就戰死了，他的兒子「偉大的修」繼續反抗，終於大敗「單純的查理」。「單純的查理」被俘，王后（英王愛德華之女）率幼子路易逃回英格蘭，後來路易就在英格蘭長大，直到二十幾年後才被「偉大的修」召回，即位為王（這當然也是「偉大的修」出於一番政治利益的權衡所做出的決定）。

這位從海外歸來的路易，在位十八年，傳子洛塞，而洛塞在位三十二年，父子在位前後達半個世紀，在這段期間，法蘭西最有權勢的就是巴黎伯爵「偉大的修」的家族。

「偉大的修」本人在西元九五六年就過世了，兩個兒子繼承了他的封土：修．卡佩得「法蘭西之島」，歐德獲勃艮第。此時洛塞即位才剛剛兩年左右，雖然在名義上是國王，可國內最有權勢的卻是「偉大的修」的家族，尤其是修．卡佩。為了鞏固自己的地位，洛塞就聯合日耳曼王來制衡修．卡佩，這一招似乎是奏效了。

洛塞在王位上安安穩穩的過了三十年左右後離世，兒子繼位，可沒想到這位新王才短短幾個月就死了，這麼一來該由誰來繼承王位，貴族之間再次意見不一。

原本呼聲最高的是洛林公爵，但由於他是日耳曼王的附庸，又和法蘭西部分貴族有些不愉快，所以後來在一次貴族集會中，當大家在討論王位繼承問題時，總主教一提出「不妨以選舉的方式來決定」這樣的建議，這些企圖控制王權的貴族立刻欣然同意。

西元九八七年，時年四十九歲的修·卡佩就這樣被選舉出來，繼承王位，這就是卡佩王朝的開始。

卡佩王朝

卡佩王朝的國祚還滿久的，長達三個半世紀（西元九八七～一三二八年），這一定大大出乎當初支持修·卡佩的那些貴族的意料，因為修·卡佩被選為王，可以說是封建政治的勝利，當時貴族們在意的只是個人勢力的鞏固，而不是想要建立一個強大且能夠長期持續的王朝。

不過，有不少跡象顯示，在位九年的修·卡佩，倒是一上臺就有意要建立一個能夠維持長久的世襲王朝，比方說，鑒於王位繼承是一個大問題，會嚴重影響

修·卡佩開創的卡佩王朝，成為法蘭西王國王權興起的起點。

到政局的穩定，因此當他還在位的時候就已立太子為繼承人。後來這項政策就一直被沿用下去，卡佩王朝歷代國王都援例冊封太子，來保障王位能夠被順利的繼承。

分析卡佩王朝之所以能夠延續這麼久，主要有三個原因：

● 堅持加洛林王朝「王權至上」的傳統

在卡佩王朝，國王是一切權力的來源，也是最高立法者，經由國王判決的案件，沒有更高的法庭可以上訴。

● 擁有國王權力能夠直接下達的王畿（法蘭西之島）

法蘭西之島本來就是卡佩家族先祖的封地，北起巴黎，南迄奧爾良，包括中間的塞納河流域，南北大約一百多哩，東西最寬處約五十哩，地理位置十分優越，位於法國的心臟地帶，不僅塞納河和羅亞爾河兩大主流能夠貫通東西南北的交通，還有效隔離了北部的幾個大封地，使他們不便聯合起來一致對抗王室。此外，除了法蘭西之島，卡佩王朝還擁有沙隆、拉翁等好幾個重要的主教區。

● 王位繼承制度

卡佩王朝實行世襲制度和長子繼承制度，使封土不致於分割，而從修・卡佩為王以後，一直到西元一三一四年，整整三百二十七年，每位國王平均在位二十九年，而且都有子嗣，自然大大有助於維持王朝的穩定。

總之，儘管在西元十和十一世紀的法蘭西還是一個封建地區，不能稱之為國家，說起來就連卡佩國王也不過就是一個大**領主之一**，有國王之名卻還沒有真正的國王之實，但無論如何，日後法蘭西這個國家的根基，就是卡佩王朝一點一滴所打下來的。

到了西元十二世紀初，法蘭西已逐漸走向一個比較一統的局面，而卡佩王朝也就成為這一統的象徵了。

2 分裂的日耳曼帝國

在中古時代，法蘭西、英格蘭、西西里等都先後建立了中央王權，但日耳曼卻始終是一個分裂的地區，到了西元十二世紀以後，日耳曼的政治更是混亂，然而我們應該注意，造成這種混亂的因素，其實早在西元九世紀末就埋下了，只不過在十和十一世紀對於日耳曼王權的發展似乎還看不出有什麼明顯的影響，直到十二世紀以後才有所顯現。

領主之一——除了卡佩王朝，法蘭西還有幾個重要的封國，譬如占據塞納河下游的諾曼第公國，位於羅亞爾河流域的安如伯國，占有羅亞爾河以南、法蘭西南部的亞奎丹公國，占法蘭西東部索恩河流域的勃艮第公國，位於法蘭西東北的洛林公國等等。

◆日耳曼政治混亂的遠因

說起來這都跟一個人——阿努爾夫有關，就是我們在上一節中提到過那個把叔叔「胖子查理」趕下臺，自己取而代之，成為東法蘭克王國國王的人。

後世評價阿努爾夫，都認為他稱得上是一位相當有為的國王，尤其是他對外阻止了斯拉夫人的西侵，又大敗丹麥人於萊茵河，聲威大振，一時之間頗有重興加洛林王朝的趨勢。

然而，阿努爾夫對於重興加洛林王朝顯然沒有興趣，因為他馬上就南征義大利去了；西元八九四年征服波河流域，翌年大軍開進羅馬城，然後從教宗手裡接受皇冠，實現了自己正式稱帝的大業。

不久，阿努爾夫的軍隊遭到流行病嚴重的感染，傷亡大半，不得已班師，沒過幾年他就過世了，享年四十九歲。他年僅六歲的兒子路易繼位，在位僅僅十年，於西元九一一年就死了，歷史上稱他為「童子路易」。到這個時候，東法蘭克的加洛林王朝就宣告滅亡。

現在我們就來說一下，為什麼在位時間並不長（只有十二年）的阿努爾夫，會埋下西元十二世紀以後日耳曼政治混亂的種子，主要分為兩方面：

● 國王民選

當初阿努爾夫上臺是由於貴族推選，這是日耳曼民族「國王民選」的傳統，日耳曼貴族始終沒有放棄這種傳統，結果造成兩個不利於國家統一的因素：一，貴族之間黨派林立，大則爆發內戰，小則影響政局穩定；二，當選國王者在上臺之後，很容易就把重心放在利用國王職位來擴張自己原有的封土，因為他不能保證自己的兒子將來也能獲選為國王，但屬於自己的封土就可以經由世襲留給自己的子孫，因此身為國王往往會太過重視私利，而忽視了整個日耳曼的政治。

● 尋求加冕為羅馬皇帝

自從查理曼大帝於西元八〇〇年在羅馬加冕之後（距離阿努爾夫從教宗手裡接受皇冠，都已經是快要一個世紀以前的事了），「在羅馬加冕」就成為皇帝名位的象徵。除了阿努爾夫遠征義大利、角逐羅馬皇帝名位，接下去的日耳曼國王、尤其是在神聖羅馬帝國出現以後，大家也都紛紛仿效，都以控制義大利和羅馬城為目標，結果只是勞民傷財，還徒增戰亂，同時，國王離開國土太久，諸侯更有機會趁機坐大，竊取權力。

鄂圖大帝的神聖羅馬帝國

東法蘭克的封建制度大大不同於西法蘭克王國，除了洛林和西法蘭科尼亞之外，其他地區因為從未歸屬過羅馬帝國的版圖，因此一直具有強烈的日耳曼傳統。其實，即使是洛林和西法蘭科尼亞，雖然很早就是梅羅文加王朝的土地，巴伐利亞和薩克遜也先後被加洛林王朝所征服，但它們受到西法蘭克政治制度的影響都不深。

簡單來講，日耳曼是一塊由貴族和自由農所分別占據的地區。

日後，當加洛林王朝無力抗拒北蠻和馬扎爾人的侵略時，日耳曼貴族紛紛起來保衛自己的家園，於是在每一個重要地區，包括薩克遜、巴伐利亞、法蘭科尼亞等，地主都逐漸變成了軍事領袖，並自稱「公爵」。他們權利的基礎，是所擁有的廣大土地以及對人民的影響力，但並不是像法蘭西那樣的封建領主，也沒有建立複雜的采邑制度，對地方郡守和教會主教更沒有直接統治的權利。「童子路易」在位的十年期間，這些公爵紛紛積極擴展個人勢力，西元九一一年「童子路易」過世以後，他們甚至也不急著要推選新的國王，寧可就讓王位空在那裡。

直到八年後（西元九一一九年），在教會的堅持之下（對教會來說，應付一個天高皇帝遠的國王，總比要應付地方權力容易得多），再加上經歷了一個不夠厲害的國王、無法遏制日益囂張的馬扎爾人的教訓，公爵們終於意識到他們實在需要一個強有力的國王，薩克遜公爵亨利一世（約西元八七六～九三六年）就這樣被選為國王，開啟了「薩克遜王朝」，歷時一百零五年（西元九一九～一〇二四年）。

薩克遜王朝的歷代國王大多都很英明勇武，能夠安內攘外，雖然沒能建立一統大業，好歹也維持了中古日耳曼少有的小康局面。其中最值得稱道的就是鄂圖大帝（也就是鄂圖一世，西元九一二～九七三年）。

鄂圖大帝是薩克遜王朝開創者亨利一世的兒子，在位三十七年（西元九三六～九七三年），這時的薩克遜王室，權力可說達於最高峰，他繼承了父親的政策，包括利用親族和教會來鞏固王權。

鄂圖大帝在歷史上最大的成就，就是平定了馬扎爾人，促使馬扎爾人從此退居多瑙河平原，建立匈牙利王國。西元一〇〇〇年，匈牙利王國的國王還下令舉國信奉基督教，馬扎爾人就此成為歐洲在東境的第一道防線。

其次，鄂圖大帝還兩度舉兵南下，恢復了羅馬帝國，這和當年查理曼大帝恢復羅馬帝國，具有同樣重要的意義。因為在西元十世紀上半葉以後，西方皇帝的帝位就已虛懸，而真正具有皇帝實權亦已是一百多年以前的事了。

鄂圖大帝以屋大維、君士坦丁大帝和查理曼大帝的繼承人自居，但是在地域上，鄂圖大帝的帝國僅僅包括日耳曼和三分之二的義大利，與查理曼的帝國相去甚遠；而在精神上，儘管都是以政教合作為基礎，但核心價值又很不一樣，查理曼追求的是「基督教共和國」，鄂圖大帝及其繼承人則不過是把教會視為控制義大利的工具，所以後世普遍都將鄂圖大帝所建立的帝國稱為「日耳曼民族的羅馬帝國」，或者「神聖羅馬帝國」，因為畢竟是建立在政教合作的基礎之上。

鄂圖大帝晚年的精力大部分都放在鞏固對義大利的控制上，他所採取的辦法和在日耳曼所用的方法如出一轍，那就是利用教會來對抗貴族。雖然鄂圖大帝終其一生都能有效主宰義大利，但是他的帝國不僅沒有為歐洲社會帶來穩定，相反

12 世紀彩繪玻璃藝術中描繪的鄂圖一世像。

的還製造了不少混亂。

日耳曼帝國的極盛時期：亨利三世

在各個公國，為政者會將土地贈送給教會，增加教士的權力，這是薩克遜王朝習用的一貫政策，雖然在短時間之內似乎都頗有成效，但日後都反而成為對抗王權的主要力量。

亨利二世是薩克遜王朝開創者亨利一世的曾孫，在日耳曼皇帝中是唯一被羅馬教會宣稱為「聖人」的一位，他對待教會的態度很不一樣，不是將教會視之為政治工具，而是視為能夠移風易俗的社會力量，基於純宗教的信念支持教會，並推動教會內部的各種革新運動。

亨利二世過世之後，因為沒有子嗣，日耳曼貴族遂推選法蘭科尼亞公爵康拉德二世繼位，開啟了「薩利安王朝」，又稱「法蘭克尼亞王朝」，薩克遜王朝結束。

康拉德在位十五年（西元一〇二四～一〇

亨利二世與其妻子。亨利二世為薩克遜王朝最後一位君主。

三九年），最大的成就就是將**勃艮第王國**劃入神聖羅馬帝國的版圖（位於隆河以西和阿爾卑斯山以北，包括今瑞士西部），此後日耳曼國王就控制了通向義大利的大道。

過去為了遏止諸侯和貴族權力的擴張，薩克遜王朝已經大量利用教會，康拉德更利用所謂的「小貴族」，廣賜采邑、給予一些行政職權，使他們成為支持王權的有效力量，來對抗大貴族。此外，康拉德還利用修道院院長來對抗主教，再利用侍臣來對抗貴族和教士……這種「制衡政策」在當時和以後一段時間確實相當有效，直到西元十四和十五世紀，侍臣因為地位日益增高、權力日益增大，竟成為王權的一大反對力量。

康拉德逝世以後，其子亨利三世（西元一〇一七～一〇五六年）繼位，後世史家均認為亨利三世在位的十七年（西元一〇三九～一〇五六年）是日耳曼帝國的極盛時期。亨利三世運用制衡策略，使日耳曼本土和義大利除了一些小規模的叛亂之外（這可以說是封建時代無法避免的事），

亨利三世以統治者的身分出席宗教活動。

勃艮第王國——勃艮第王國和先前提到的勃艮第公國不同，後者的地理位置在前者的西北，是屬於法蘭西的采邑。

大致能夠享有普遍的和平，而且波西米亞、匈牙利和波蘭等地也都接受皇帝的統治。

令亨利三世比較頭疼的是有關於羅馬教廷的改革問題。

亨利三世死於西元一〇五六年，隨著他的過世，日耳曼帝國也就開始慢慢走向了末路，終於在近七十年以後、西元一一二五年時結束。因為教會在革新之後，為了維持自己的獨立，決定反擊，不像過去那麼好控制了，此後大約兩百年間，西方歐洲史就充滿了政教衝突，結果兩敗俱傷，雙方都喪失了他們領導的能力，而像鄂圖大帝等日耳曼皇帝所抱持的，要由日耳曼人來領導基督教共和國的夢想，也終究是不可能了。

3 諾曼人的征服：西西里

中古封建時代，西方歐洲有兩個地區王權興起的時間比較晚，發展的速度卻最快，組織也最完整，一個是義大利的南部和西西里，另一個則是英格蘭。這兩個王權政府都是由來自諾曼第的貴族和騎士所建立，而諾曼人的祖先是北蠻，本身就具有冒險精神，又善於學習，還頗有善於組織的天分，所以能在相當混亂的封建政治裡，創建了一套影響後世深遠的政治制度。

我們在這一節中先介紹關於西西里的情況。

◆—落地生根的諾曼人

早在九世紀末，北非的回教勢力就已從希臘人手中把西西里島給奪了過來，然後回教艦隊就以北非為基地，不僅在西地中海橫行，也經常洗劫義大利半島沿海地區，無論是拜占庭、倫巴底諸侯以及羅馬教宗，都飽受威脅。

西元十一世紀初，就在義大利南部和西西里島的政治情況極其混亂的情況之下，諾曼人來了。

諾曼人大約是於西元一〇一六年在沙勒諾登陸。這是一群去耶路撒冷朝聖然後返鄉的諾曼騎士，他們高超的戰鬥技能深受當地貴族所賞識，紛紛受僱為傭兵。消息傳回他們的家鄉之後，許多諾曼青年、特別是那些不得志的青年，也紛紛興致勃勃、不惜離鄉背井來到義大利南部，想要尋求出人頭地的機會。

西元一〇二九年左右，也就是距離第一批諾曼騎士登陸沙勒諾之後大約十三年左右，由於那不勒斯公爵將阿弗沙郡賜封給某一位諾曼騎兵隊隊長，阿弗沙從此就成為諾曼冒險者的集散中心，他們的職業就是替任何能出高價的僱主打仗。

這樣又過了七年左右，「鐵臂威廉」、特魯哥和韓福瑞三兄弟從諾曼第來到阿弗沙，先協助希臘人攻擊回教徒，又協助倫巴底貴族抗擊希臘人，最後乾脆奪取土地，有了自己的地盤。在他們來到阿弗沙大約十年後，大哥「鐵臂威廉」過世時，三兄弟已經在位於義大利半島的「腳跟」（還記得義大利半島看起來像是一個長統靴嗎？）阿普里亞站穩了腳步，儼然已經是一國之主了。

特魯哥繼長兄之位，受亨利三世封為「阿普里亞伯爵」，這是諾曼人在海外第一塊正式封土。五年後（西元一〇五一年），特魯哥遇刺身亡，韓福瑞繼之。

◆──羅伯與羅傑．奎斯卡兄弟

與此同時，像「鐵臂威廉」三兄弟這樣，因為在老家生活辛苦而跑到阿弗沙來找機會的諾曼青年還有很多，其中最成功的是羅伯和羅傑．奎斯卡兩兄弟。後來，羅伯．奎斯卡在位於義大利半島「腳尖」的卡拉布里亞安頓下來，羅傑．奎斯卡則在西西里活動。

西元一〇五七年，韓福瑞去世，羅伯．奎斯卡繼

羅伯．奎斯卡（左站立者）和羅傑．奎斯卡（右坐下者）兩兄弟，為諾曼人向外成功征服領土的代表人物。

任為「阿普里亞伯爵」。兩年後，羅馬教宗尼古拉斯二世正式以阿普里亞、卡拉布里亞和西西里賜封羅伯，這是有史以來諾曼人和羅馬教宗建立政治關係的開始。

從此，諾曼人可以假教會之名來對付拜占庭、回教徒和倫巴底人。西元一〇五四年，君士坦丁堡主教宣布脫離羅馬教會，東西教會自此分裂。這個事件我們在本書一開始就說過，對於後世歐洲歷史的發展至關重要。

羅伯·奎斯卡受封為「阿普里亞公爵」、「卡拉布里亞公爵」與「西西里公爵」。

經過羅伯和羅傑·奎斯卡兄弟十幾年的征戰經營，西元一〇七一年最後一支拜占庭殘餘軍隊退出了義大利半島，又過了二十年（西元一〇九一年）回教徒在義大利半島最後一個據點陷落。最終，因為羅伯·奎斯卡已於六年前過世，所以西西里全部都被羅傑所控制。

當羅伯·奎斯卡過世時，其子羅傑·鮑耳沙繼之為「阿普里亞公爵」，其弟羅傑則為「西西里伯爵」。接下去四十幾年，這兩個地區都是獨立的封國，直到西元一一二七年，因為羅傑·鮑耳沙的兒子過世時沒有子嗣，封土被羅傑二世（西元一〇九五～一一五四年）所併吞，西西里和阿普里亞乃合而為一。西元一一三〇年，羅馬一位假教宗承認羅傑二世為國王，這就是西西里王國的開始。

西西里王國

西西里王國的國祚維持了七百三十一年（西元一一三〇～一八六一年），身為王國的開創者，羅傑二世可說是西西里歷史上最偉大的統治者。他在位近四分之一個世紀（西元一一三〇～一一五四年），勵精圖治，不僅拓展了國土，還建立起當時歐洲組織最健全的中央王權。同時，羅傑二世還大力發展文化，建設了純拜占庭藝術的馬多拉那教堂等等。在羅傑二世的統治下，西西里王國是當時歐洲最富有、最繁榮的國家之一。

京都巴勒摩是西西里王國的商業和文化中心，因西西里強大的海軍可保障商船的安全，位於西地中海航線聚集處的巴勒摩，是來往於各個方向商船的必經之地，亦是當時西方最富藝術氣息的都市，拉丁、希臘和回教三大文化的熔爐。

馬多拉那教堂內部的景象，為拜占庭藝術式的建築。

從羅傑二世以降，在諾曼人的經營之下，西西里王國成為基督教西方文化最高（到十三世紀，學術活動達到高峰）、經濟最繁榮（光是首都巴勒摩每年所得就超過當時英格蘭全國的收入）、政治也最清明的國家，遠較同時期的法蘭西或英格蘭還要進步。

4 諾曼人的征服：英格蘭

由於西西里和英格蘭都為諾曼人所征服，所以無論是財政制度或法律體系都相當類似，且根據近代學者的研究，西西里許多封建習慣在時間上都比英格蘭更早。

西西里在西元十二和十三世紀前半葉，建立了一個高度中央集權的王國，但從十三世紀中葉以後政治就開始混亂，發生了內戰，法蘭西的勢力就在此時趁機進入了那不勒斯，後來西西里又歸併於西班牙的亞拉岡，從此王國地位一落千丈，日後在歐洲史上幾乎被遺忘。

但英格蘭的情況就很不一樣了，諾曼人在英格蘭所建立的王朝一直綿延至今，在整個中古時代，英格蘭、法蘭西和日耳曼三個地區可說是三足鼎立，英格蘭在歐洲史上所扮演的角色非常重要。

諾曼人為什麼能在英格蘭如此成功？有一個很重要的原因是「經濟權和政治權的分家」，國王仍是最高統治者，也是軍隊的統帥，國王的代表則分治各個地方，負責維持地方治安、執行國王命令、處理民間糾紛，以及徵收各種賦稅，他們的去留都操於國王之手，所以沒有演變成類似封建的世襲制度，這麼一來地方政府也就不致落入私人之手，貴族儘管在經濟上享有特殊地位，但沒有政治權力。

而王位的繼承是由「賢人會」的選舉來決定，不存在長子繼承制度。「賢人會」是一個由重要貴族和主教所組織的團體，主要任務就是推選或罷免國王，還有制定法律、批准條約，或通過特別稅捐等等，在行政上是國王的咨詢機構，國王有接受或拒絕其意見的自由。

地方政府最大的行政區域是「郡」，下面是「百戶」，最低層是城鎮或農村，每一個行政單位都設有法庭，處理不同性質的糾紛，城鎮或農村法庭大多於趕集日舉行，所處理的都是一些極其瑣碎的事務。

威塞克斯王朝

盎格魯-薩克遜人進入英倫三島之後，建立了許多王國，其中較為重要的是諾森布里亞王國、麥西亞王國和威塞克斯王國（Wessex，西薩克遜的意思）。

威塞克斯王朝建立於西元八〇二年，亡於西元一〇六六年。

西元八世紀末，北蠻的侵略給英格蘭帶來了空前的浩劫，不到一個世紀，整個英格蘭幾乎全部都被北蠻所控制，只剩下威塞克斯孤軍奮鬥，後來威塞克斯就成為英倫三島的中興基地。

阿佛列大帝（西元八四九～八九九年）自二十二歲即威塞克斯王位以後，就積極展開對北蠻的反攻，七年之後（西元八七八年）終於與蠻族領袖甘色魯簽訂休戰條約，甘色魯接受基督教，並保有泰晤士河以北和古羅馬瓦托林大道以東地區，此後這裡就稱為「丹麥區」（之後這裡的人們就被稱為「丹麥人」，就像諾曼人是來自當年的諾曼第一樣）。

阿佛列大帝使英格蘭大部分地區都回歸盎格魯-薩克遜人的統治，是英國歷史上第一個以「盎格魯-薩克遜人的國王」自稱的君主，被後世尊稱為「英

阿佛列大帝，後世尊稱他為「英國國父」。

國國父」。阿佛列大帝享年五十歲，在位二十八年（西八七一～八九九年）期間，在全國各地建立了很多的堡壘和城鎮，並改組軍隊，尤其是充實海防，防止蠻族再度入侵。同時，阿佛列大帝在關於行政革新、政教合作以及推動文化建設這方面厥功甚偉，包括鼓勵教育、將許多西方重要的古籍都譯成盎格魯-薩克遜文，並首創盎格魯-薩克遜年鑑，後來這樣的年鑑逐年編撰，一直持續到阿佛列大帝過世後兩個半世紀（西元一一五四年），是西歐方言文學中第一部重要的歷史作品。

阿佛列大帝死後，他的兒子愛德華（西元八七〇～九二四年）繼承父親的功業並加以擴展，多次擊敗丹麥入侵者。到了阿佛列大帝的孫子艾斯爾斯坦（西元八九四～九三九年），終於完成了統一大業，這是英格蘭有史以來首次獲得統一的局面。藉著一連串婚姻外交，艾斯爾斯坦也成為當時西歐最具權威的長者。

艾斯爾斯坦過世之後的三十幾年，英格蘭還算是相當平靜，雖然各地不時都會發生丹麥

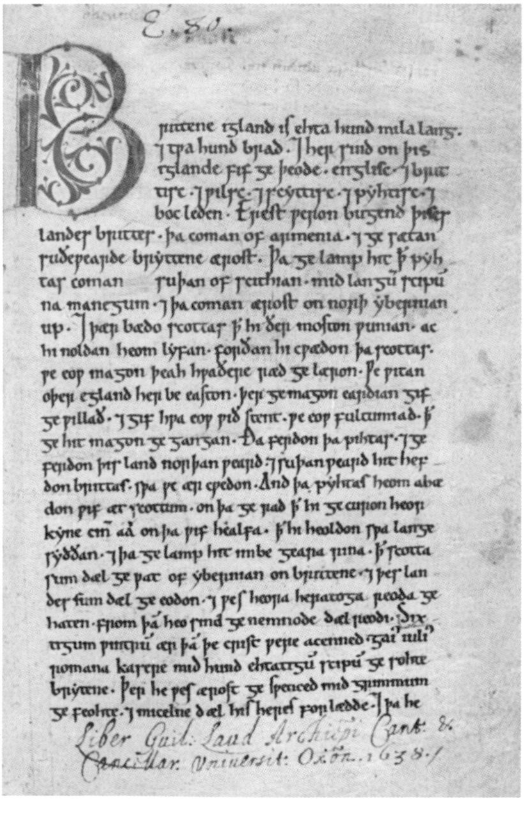
E. 80.
Brittene igland is ehta hund mila lang.
& twa hund brad. & her sind on þis
iglande fif geþeode. englisc. & brit
tisc. & wilsc. & scyttisc. & pyhtisc. &
boc leden. Erest weron bugend þises
landes brittes. þa coman of armenia. & gesætan
suðewearde bryttene ærost. Þa gelamp hit þæt pyh
tas coman suþan of scithian. mid langum scipu
na manegum. & þa coman ærost on norþ ybernian
up. & þær bædon scottas þæt hi ðer moston wunian. ac
hi noldan heom lyfan. forðan hi cwædon þa scottas.
we eow magon þeah hwaðere ræd gelæron. We witan
oþer egland her be easton. þer ge magon eardian gif
ge willað. & gif hwa eow wiðstent. we eow fultumiað. þæt
ge hit magon gegangan. Ða ferdon þa pihtas. & ge
ferdon þis land norþan weard. & suþan weard hit hef
don brittas. swa we ær cwedon. And þa pyhtas heom abæ
don wif æt scottum. on þa gerad þæt hi gecuron heora
kyne cinn á on þa wif healfa. þæt hi heoldon swa lange
syððan. & þa gelamp hit ymbe geara rina. þæt scotta
sum dæl gewat of ybernian on brittene. & þes lan
des sum dæl geeodon. & wes heora heretoga reoda ge
haten. from þá heo sind genemnode dælreodi. Six
tigum wintrum ær þá þe crist wære acenned. gaius iulius
romana kasere mid hund eahtatigum scipum gesohte
brytene. Þer he wes ærost geswenced mid grimmum
gefeohte. & micelne dæl his heres forlædde. & þa he
Liber Guil: Laud Archiepi Cant: &
Cancellar. Universit: Oxon. 1638.

盎格魯-薩克遜的編年史年鑑。現存有的皆為後世抄寫之副本。

人的擾亂事件，但由於政府採取綏靖寬容的政策，教會又從中發揮了很大的安定力量，所以事態都沒有擴大，直到西元十一世紀初，丹麥人聯合了瑞典人大舉入侵，這次就不同於以往的海盜劫掠，給威塞克斯王朝帶來了很大的壓力。

西元一〇一六年夏天，交戰雙方達成協議，將英格蘭一分為二，約定由雙方各治一部，任何一方過世，另外一方就可以統治全國。這份協議簽訂之後不到幾個月，威塞克斯王朝的君主就被刺身亡，時年二十一歲左右的丹麥新王克努特（約西元九九五～一〇三五年）就按約定被擁立為英格蘭王。

克努特此時雖然是英格蘭、丹麥和挪威的國王，但三國卻仍分治，並沒有統一為一個國家。克努特同時還是瑞典的主君。

克努特雖然是以蠻族身分入主英格蘭，卻是英國歷史上少見的賢君。他在位的十八年，是中古英國史上的太平盛世，在他英明的統治之下，不僅丹麥人和盎格魯-薩克遜人彼此之間繼續同化，諾曼人也加入了英格蘭這個大家庭，使英國成為一個複雜但又相當和諧的國族。後面會提到的「征服者威廉」，就是諾曼人。

從克努特備受當時人們推崇這一點也可看出，在西元十一世紀的英格蘭還沒有什麼「國家主義」或「民族意識」，在基督教

克努特（中間坐下者）與他的朝臣。

克努特統治時期繪製成的盎格魯 - 薩克遜領土地圖。

的領導之下，凡是能夠為老百姓帶來福祉的統治者，都會受到肯定與歡迎。

◆──征服者威廉與他的改革

「征服者威廉」，也就是威廉一世（約西元一〇二八～一〇八七年），在七歲左右便繼承父親為諾曼第公爵，由於他是私生子（他最早的綽號就是「私生子威廉」），即位初期不斷有親屬或附庸發動叛變，這讓威廉很早就深感對於貴族應該採取嚴密的控制。當威廉十九歲左右（西元一〇四七年），他終於贏得了決定性的勝利，並且和當時教會的革新派密切合作，獲得了教會的全力支持。

威廉的勢力逐漸擴大，陸續擊敗了法蘭西國王，制服了強鄰安茹王朝，又併吞了曼恩伯爵的封土。西元一〇六六年，英格蘭王愛德華三世（約西元一〇〇一～一〇六六年）逝世時，三十八歲左右的威廉已是當時歐陸最有分量的封侯之一。

愛德華三世從小生長在諾曼第，從思想觀念到生活習慣都幾乎完全諾曼化，即位為王之後，不僅朝廷是以諾曼人為主，一切行政也都是以諾曼制度為准。無怪乎後世史家都認為，日後「征服者威廉」能夠順利統治英格蘭，愛德華三世功不可沒（即使他不是有意為之），他等於已經替威廉做好了鋪路的工作。

由於愛德華三世沒有子嗣，生前曾把英格蘭王位許給威廉，但是後來不知道什麼原因，在臨終前又另外指定了繼承人。不過，威廉認為愛德華三世既然已經把王位許給自己，就不能再許給別人，自己理當是英格蘭的合法國王。於是，威廉在得到羅馬教廷的支持以後，就決定聲討愛德華三世在臨終前所指定、並由賢人會所推選出來的新王。

就這樣，在愛德華三世過世的同年九月下旬，威廉就率七千人馬從英格蘭南部的佩文西登陸，然後逐漸向內陸推進。半個月後，經過一番血戰，英格蘭大敗，主帥陣亡，諾曼第軍隊直取倫敦。同年聖誕節，威廉加冕為英格蘭國王。

隨著威廉的加冕，英格蘭和丹麥等北歐的關係也就到此為止，接下去的五百年，英格蘭的歷史是和法蘭西密切相關。

「征服者威廉」在統治英格蘭二十二年期間，同時仍是諾曼第公爵。當他於西元一〇八七年過世時，他的長子繼諾曼第公爵位，次子為英格蘭王，顯示出無論是在當時人或威廉自己心目中，諾曼第的重要性都要大過英格蘭。事實上，諾曼王朝確實是最早走向現代國家的王朝，這都是威廉打下了扎實的基礎。

威廉一方面保存了某些對王權有利的盎格魯-薩克遜的制度，另一方面又引進了諾曼的制度，使這兩種制度慢慢的融合為一，發揮了微妙的、截長補短的作用。

比方說，威廉是採取循序漸進的方式來征服英格蘭。他在位期間經歷過不少戰爭，每占領一個地區，他就將某些土地分賜給功臣，再加上保留了盎格魯-薩克遜「郡」和「百戶」的地方行政制度，郡守和百戶長都是諾曼人，由國王直接委派，代表國王行事。這麼一來，一方面貴族們的土地可說分散在全國各地，無法像法蘭西的貴族那樣形成地方勢力，另一方面，由於郡守是直接受命於國王，貴族不能把經濟和政治一把抓，自然也就沒有僭奪政權的能力。也就是說，在諾曼第王朝下的貴族僅僅只是一個地主，不是統治者。

又如，威廉還保留了盎格魯-薩克遜時代的「丹麥金」。在西元十世紀末，由於丹麥人等北蠻不斷擾亂英格蘭沿海地區，當時的英格蘭國王又不圖進取抗敵，而是消極的採取用徵稅進貢的方式來換取和平（此處所徵的稅指的就是「丹麥金」），結果反而

「征服者威廉」以循序漸進、文化融合的方式，逐步統治了英格蘭。